AF558461

अष्टाङ्गयोगः

R. SRIRAM

Aṣṭāṅgayoga

Die 8 Übungen aus dem Yogasūtra des Patañjali

THESEUS

Bibliografische Information der Deutschen Nationalbibliothek:
Die Deutsche Nationalbibliothek verzeichnet diese Publikation in der Deutschen Nationalbibliografie; detaillierte bibliografische Daten sind im Internet über http://dnb.de abrufbar

ISBN Printausgabe 978-3-95883-495-8
ISBN E-Book 978-3-95883-496-5

Originalausgabe

2. Auflage 2021

Projektleitung und Lektorat: Susanne Klein, www.kleinebrise.net
Gestaltung und Satz: Michael Shorny, www.mangomoon.at
Umschlagabbildung © Adobe Stock Foto von Tobif82; Steinkreis auf Holztisch
Autorenfoto © Jasmin Breidenbach
Druck & Verarbeitung: Westermann Druck Zwickau GmbH

Inhalt

Vorwort

In der Geschichte der letzten hundert Jahre gab es einige große Wendepunkte. Prägend waren da für die Industrienationen die 1940er-Jahre, während derer in Europa Krieg und Zerstörung herrschten. Für die meisten anderen Länder begann zu der Zeit die Befreiung von der jahrhundertelangen kolonialen Unterdrückung. Der Begriff des Yoga war im Westen in dieser Zeit noch maßgeblich geprägt vom Wirken Swami Vivekanandas (1863–1902), der Ende des 19. Jahrhunderts zu einer der wichtigsten Figuren des Ost-West-Dialogs wurde. Zu seinem Verständnis von Yoga gehörte die Auffassung, dass wir, wenn wir uns als Körper begreifen, uns vor den anderen Körpern beschützen wollen; und damit geraten wir in Trennung und entfernen uns vom Yoga. In dieser Zeit war für Menschen in Indien Yoga vor allem geprägt von Ritualen, die zu ihrem Leben gehörten. In Form von *Prāṇāyāma*- oder Meditationsübungen praktizierten sie Yoga als Teil ihrer spirituellen Bemühungen oder als körperertüchtigende Übungen, die sie rein hielten und ihre Askese vorantrieben.

Die verheißungsvollen Umwälzungen der 1960er-Jahre auf den Straßen und in den Universitäten der Industrieländer änderten das Gesicht des sozialen Lebens und verhießen neue unbekannte Freiheit für Frauen, Mut gegen autoritäre Repressionen und eine sexuelle Revolution. In der damaligen sogenannten Dritten Welt wirkten diese Stürme auch. Die Autorität der Herrenländer wurde infrage gestellt, das Wirken und die Botschaft von Menschen wie Martin Luther King Jr. oder Mahatma Gandhi nahmen einen neuen Stellenwert ein und die Machtstrukturen in der eigenen Gesellschaft wurden zunehmend kritisch betrachtet.

Der Westen hat in dieser Phase ein eigenes Bild von Yoga entwickelt. Bekannte Menschen wie etwa die Beatles verliehen durch ihr Interesse an der indischen Spiritualität auch dem Yoga ein neues Gesicht. Offenheit, Toleranz und ein Sinn für die Verbindung zwischen Körper und Geist scheinen damals die große Faszination ausgemacht zu haben. Hingegen war in Indien für viele yogaübende

Lehrer und auch für uns Schüler zu der Zeit Yoga ein Weg, die eigene Religion und die geistigen Anschauungen frei zu überdenken und neu auszurichten. Das Ziel dabei war, von der unbedachten Modernisierung und Nachahmung des Westens wegzukommen. Die neuen Yogaschulen, die entstanden, waren meistens geprägt von dieser Haltung, auch wenn bei ihnen die Körper- und Atemübungen eine zentrale Rolle spielten.

Die Jahre um den Beginn des neuen Millenniums markierten die große digitale Revolution, die von Jahr zu Jahr das Leben in allen wohlhabenden Ländern nachhaltig und tiefgreifend veränderte; und dies geschah und geschieht auch in ärmeren Ländern wie Indien. Auf einmal war die Kommunikation mit Menschen, die man nur selten sah oder noch nie gesehen hatte, viel leichter möglich. Informationen verbreiteten sich in Rekordeile und wir waren globalisiert, ohne dass wir diese Globalisierung auf eine gezielte Weise angestrebt oder befürwortet hätten – mit all ihren positiven und auch den problematischen Seiten. Hier hat sich auch das Bild von Yoga auf eine Art und Weise verändert, wie man es zwanzig Jahre zuvor noch gar nicht für möglich gehalten hätte. Yoga ist im Zuge dessen auch in allen europäischen Ländern zu einem Begriff geworden. Er genießt fast universell ein gutes Ansehen, bewegt Geld in unglaublichen Mengen und wird dabei zuallererst als eine Körperdisziplin fürs Wohlsein verstanden.

Viele Menschen, die unermüdlich unterwegs gewesen waren, um die Anerkennung für Yoga zu erreichen, hinter dem sie ein großes universelles Wissen, basierend auf tiefsten menschlichen Erfahrungen, gesehen haben, versetzte diese Entwicklung in ein freudiges Erstaunen. Gleichzeitig kommen aber auch Befürchtungen auf, dass all diese neuen Trends an den eigentlichen Inhalten des Yoga vorbeigehen. Gerade deshalb ist es nun nötig, dafür zu sorgen, dass das Bild des Yoga in Zeiten der ungefilterten Massenkommunikation zumindest teilweise unbeschädigt bleibt. Denn nur so können wir aus den Weisheiten des Yoga wahrhaftig und aus dem Vollen schöpfen.

Wenn wir den Yoga in dem, was er wirklich ist, verstehen wollen, ist es heute unerlässlich, dass wir ihn in seinem philosophischen und geistigen Kontext betrachten. Denn letztlich ist es dieser Kontext, weshalb Yoga weltweit bis heute noch eine Faszination ausübt. Ohne diesen Kontext ist Yoga lediglich ein durch neue, bessere Methoden austauschbares System der Körperschulung.

Begeistern Sie sich für Yoga? Interessieren Sie sich dafür, dass es nicht austauschbar und durch eine »schlauere« Köperübungsmethode ersetzbar wird? Dann erfordert es, in die Welt des *Aṣṭāṅgayoga* einzusteigen und die Übungen im eigentlichen Kontext des Yoga zu sehen, sodass diese Übungen nicht nur wohltuend sind und nachgewiesene Wirkungen auf Körper und Geist haben, sondern vielmehr zu einer Gelegenheit werden, sich und den eigenen Körper in einer ganzheitlichen Weise zu verstehen und eine innere Transformation in Gang zu bringen.

Der Weg einer solchen umfassenden Transformation über Yoga wird im *Yogasūtra* des Patañjali beschrieben, und dies bildet auch die Grundlage für dieses Buch.

Vielen Dank an dieser Stelle an Catherine Müller (www.yogaraum-olten.ch) aus Olten, die mit großer Lust und Sorgfalt viele Seminaraufnahmen transkribiert und redigiert hat, was dann zur Vorlage für dieses Manuskript wurde.

Zur Schreibweise der Sanskritwörter

Die Fremdwörter sind alle in der international anerkannten Übertragungsweise der Sanskrit-Schrift in die europäische Schrift gehalten. Das Wort Sanskrit verrät schon die Fehler, die in Übertragungen enthalten sein können, denn die Sprache heißt eigentlich *Saṁskṛt*, was übersetzt »eine vollkommene Sprache« bedeutet. Selbst das Wort *Yogasūtra* müsste *Yogasūtram* in der Singularform oder *Yogasūtrāṇi* in der Pluralform lauten.

Die Wortübersetzungen lehnen sich an die Aussagen, die in dieser Lehrschrift gemacht werden, an. Die gewählte grammatikalische Form der Wörter ist eine, die im Text erscheint. Bei den Übersetzungen sind wie üblich die nominativischen Singular-Wörter auf ihre Grundform reduziert: *āsanam* (neutrum) wird *āsana* geschrieben, *samādhiḥ* (maskulinum) wird *samādhi* geschrieben und *dhāraṇā* (femininum) bleibt *dhāraṇā*.

Am Ende des Buches ist ein Glossar mit allen Sanskrit-Wörtern, die in den hier zitierten Versen aus dem Yogasūtra erscheinen. Um es übersichtlich zu halten, sind nicht alle Formen eines Wortes übersetzt, die irgendwo im Text erscheinen, sondern meist nur die Grundform.

DIE SANSKRITBUCHSTABEN UND IHRE AUSSPRACHE:

a	kann
ā	Kahn
i	Kind
ī	Brise
u	kurz
ū	Kuhle
ṛ	*r* mit zurückgezogener Zunge
e	Kehle
ai	Keim
o	Kohle
au	Kraut
ṁ	nasal klingend
ḥ	der vorhergehende Vokal wird leicht ausgehaucht
ṅ	Hang
c	Tschechien
j	Dschungel
jñ	wie »gnj«
ñ	Señor (wie »nj«)
ṭ	*t* mit zurückgezogener Zunge und Zungenspitze am Gaumen
ḍ	*d* mit zurückgezogener Zunge und Zungenspitze am Gaumen
ṇ	*n* mit zurückgezogener Zunge und Zungenspitze am Gaumen
t	*t* mit Zungenspitze unter der oberen Zahnreihe
d	*d* mit Zungenspitze unter der oberen Zahnreihe
y	ja
v	wann
ś	ich (Zungenspitze hinter dem Unterkiefer)
ṣ	Muschel (Zunge zuruckgezogen und Zungenspitze am Gaumen)
s	Muss

TEIL EINS

BEGRIFFSKLÄRUNG

Der Begriff Aṣṭāṅgayoga

Zunächst ist es mir wichtig, mit einem verbreiteten Missverständnis aufzuräumen. Der Begriff Ashtanga-Yoga ist recht bekannt, da er oft als Name für eine bestimmte Richtung von Yoga verwendet wird, die heute sehr verbreitet ist. Diese Yogarichtung geht zurück auf einen bekannten Yogameister aus Mysore in Südindien, auf Pattabhi Jois. Der von ihm gewählte Name für seinen Stil ist »Ashtanga-Vinyasa-Yoga«, und dieser Name wird gemeinhin zu »Ashtanga-Yoga« verkürzt. *Aṣṭāṅga* in Sanskrit heißt »acht Glieder«. Der achtgliedrige *Aṣṭāṅgayoga* ist eine grundsätzliche Struktur, wonach Yoga geordnet und verstanden wird. Das Sanskritwort *Vinyasa* bedeutet »eine Reihe ineinander führender Positionen«. Bewährt ist zum Beispiel aus dem Yoga der Sonnengruß, eine Reihe von Körperpositionen, bei denen eine Haltung fließend zur nächsten führt. Hierbei werden acht Glieder des Körpers geübt – die zwei großen Zehen, die zwei Knie, die Brust, die Stirn und die zwei Hände – und mit ihnen wird zum Höhepunkt der Übungsabfolge der Boden berührt. Das ist eine ziemlich gewöhnliche Andachtsstellung in Indien, mit der man seine Ehrfurcht gegenüber der Sonne zeigt; entsprechend heißt diese Bewegungsabfolge *Sūryanamaskar* oder »der Gruß an die Sonne«. Man könnte diesen Gruß »ein Vinyasa der acht Glieder« nennen oder eben »Ashtanga-Vinyasa-Yoga«.

Der Begriff *Aṣṭāṅgayoga* jedoch bedeutet ganz etwas anderes. Bei *Aṣṭāṅgayoga* geht es um ein holistisches Konzept, um eine Struktur für eine ganzheitliche und spirituelle Persönlichkeitsentwicklung. Dieses wird ausführlich beschrieben im Grundwerk des Yoga, dem *Yogasūtra* des Patañjali. Einen in unserer Zeit entstandenen Stil mit diesem Namen zu beschreiben kann zum Problem werden, weil es uns von einem wesentlichen und majestätischen Konzept des Yoga ablenkt. »Ashtanga-Yoga« als ein Stil des modernen Yoga ist verbreitet. Doch halt! Wir sollten uns, wenn wir nicht auf der Oberfläche eines Yogaverständnisses schwimmen wollen, mit dem wirklichen *Aṣṭāṅgayoga* vertraut machen. Deshalb ist das Thema hier eben dieser *Aṣṭāṅgayoga*. Es geht mir dabei nicht um ein altes, historisch wertvolles Bild des Yoga, sondern um ein leibhaftig relevantes Konzept, das unserem Leben und unserem Tun aus der Perspektive des Yoga eine klare Struktur geben kann.

Aṣṭāṅgayoga im Yogasūtra

Yoga ist vor allem eine Weltanschauung, es ist, um einen Begriff aus dem westlichen Kontext zu verwenden, »ein philosophisches System aus Altindien«. Zusammen mit dem System des *Sāṃkhya* bildet es eine solide Weltanschauung, deren Ziel es ist, den Weg des Leidens und auch den Weg aus ihm heraus aufzuzeigen. Patañjali wird unangefochten als der Gründer des Yoga angesehen, das von ihm verfasste *Yogasūtra* gilt als die Quellschrift dieser Anschauung.

Dieses Buch ist eine Ergänzung zu der von mir verfassten Übersetzung des *Yogasūtra**. Das zweite Kapitel des *Yogasūtra* heißt

---

* *Patañjali – Das Yogasūtra: Von der Erkenntnis zur Befreiung*, Einführung, Übersetzung und Erläuterung von R. Sriram, Theseus Verlag, Bielefeld 2006

Sādhana-Pāda, wörtlich »der Abschnitt über die Übung«. In eben diesem Kapitel legt Patañjali das System des *Aṣṭāṅgayoga* dar, und im dritten Kapitel des *Yogasūtra* schließt er das Thema ab. Das vorliegende Buch soll dazu inspirieren, dieses spannende Thema der acht Glieder näher kennenzulernen. Es wird uns helfen, eine Struktur für all jene Bemühungen zu finden, die einen langen Atem benötigen; außerdem kann es Ideen aufzeigen für alle unsere Visionen, die wir verwirklichen möchten. Es wird uns darin unterstützen, auf eine didaktisch gut aufgebaute Weise unserem Ziel näher zu kommen. Insofern ist das hier ein Thema, das jedem und jeder dienlich sein kann. Für diejenigen, die sich intensiver mit Yoga vertraut machen wollen, ist es genau der Einstieg, der in das Zentrum des Yoga führt.

Das Buch besteht aus drei Teilen. Der erste Teil führt uns ein in die Weisheit des Yoga, die als Basis für alle unserer Handlungen dienen und dem Leben mehr Schärfe geben kann. Im zweiten Teil werden drei Schritte beschrieben, die den Übungen der einzelnen Yogaglieder mehr Gewicht und Wirksamkeit verleihen werden. im dritten werden schließlich das Schema des achtgliedrigen Yogapfades näher erläutert und die acht Glieder nacheinander einzeln dargestellt.

Der Begriff Kriyāyoga

Um in das Thema einzusteigen, ist es hilfreich, zuerst auf *Kriyāyoga*, den Yoga der Reinigung, einzugehen. Im *Kriyāyoga* geht es darum, wie wir handeln können, sodass unsere Handlungen auf uns eine läuternde Wirkung haben.

Anhand eines einfachen, alltäglichen Beispiels können wir sehen, was *Kriyāyoga* bedeutet: Wir wollen ein Haus bauen. Dafür brauchen wir Zeit, Energie und Aufmerksamkeit. Ist unser Einsatz intensiv, so bleiben wir fokussiert auf unser Vorhaben; je intensiver wir sind, desto zügiger und wacher können wir das Vorhaben vorantreiben. Die Dringlichkeit hinter unserem Einsatz ist zwar wichtig, doch muss dieser auch vernünftig und passend zu unseren Verhältnissen ablaufen. Es müssen dabei unsere finanziellen Möglichkeiten, unsere Bedürfnisse, unser Können, unsere Grenzen usw. berücksichtigt werden. Sonst kann es passieren, dass wir eventuell das Ziel – ein schön gebautes Haus, das man bewohnen will und in dem man glücklich ist – zwar erreichen, wir aber im Zuge dessen an vielen Nebenwirklungen – wie etwa durch finanzielle oder emotionale Schäden – leiden. Achtsamkeit als ein Regler des Eifers ist hier unabdingbar. Letztlich müssen wir uns bewusst bleiben, dass wir nicht alles alleine zum Erfolg bringen können. Da sind auch Handwerker, Architekten, Produkte, die für den Hausbau geliefert werden, ungünstige Wetterbedingungen und weitere unvorhersehbare Zufälle oder gar Unfälle, die wir nicht voraussehen können. Sehr wohl lässt sich deshalb sagen, dass beim Erfolg nicht alles in der eigenen Hand liegt.

Hierzu heißt es im *Yogasūtra* in Vers 2.1:

तपस्स्वाध्यायेश्वरप्रणिधानानि क्रियायोगः

tapas svādhyāyeśvarapraṇidhānāni kriyāyogaḥ

Mit Bereitschaft zum Verzicht leidenschaftlich zu handeln, dabei durch Rücksicht auf die eigenen Kräfte und Grenzen über sich selbst zu lernen und dem Unvorhersehbaren gegenüber offen zu sein, das wird Kriyāyoga genannt.

Mit anderen Worten: Wenn eine Handlung mit unbeschränktem Einsatz und unter Berücksichtigung individueller Fähigkeiten und Grenzen unternommen wird, ohne dass dabei der Eigenwille überschätzt wird, können wir zuversichtlich bleiben, dass diese Handlung zum Erfolg führt. Das ist eine Formel für erfolgreiches Handeln: Tun, was zu tun ist, achten, was eigene Grenzen bezüglich des Zieles sind, und lassen, was gelassen werden soll. Das ist eine schlaue Art und Weise zu handeln, denn wir sind hier involviert, versuchen realistisch zu bleiben, können bei Überraschungen zügig reagieren, ohne von Angst oder Frust abgelenkt zu werden, und können mit Änderungen in Bezug auf das Ziel oder mit Misserfolgen gelassener umgehen. Das kann unseren Geist vom Ballast der eigenen Verhaltensmuster befreien und die Knoten in unserer Psyche lockern. Solches Handeln ist eine edle Form von Yoga, nämlich *Kriyāyoga*.

Das sagt hierzu das *Yogasūtra* 2.2:

समाधिभावनार्थः क्लेशतनूकरणार्थश्च

samādhibhāvanārthaḥ kleśa tanūkaraṇārthaśca

Solches Handeln schwächt die Kleśas [die tief liegenden störenden Kräfte] ab und führt zur völligen Klarheit.

Drei Einstellungen als tragende Säulen

Diese Gedanken aus dem *Kriyāyoga* bilden die Basis für den Weg des Yoga. Sie helfen uns, Yoga nicht einfach als eine Abfolge von Übungen zu sehen, sondern vielmehr als eine Haltung hinter jeder Handlung, die wir alle als eine Übung betrachten können. Diese Grundeinstellung zu beherzigen ist wichtig, wenn wir zu den acht Gliedern des Yoga kommen. Wir laufen sonst Gefahr, dass wir blind hinter den Yogaübungen her sind, ohne aufzupassen, ob sie für uns passend sind oder nicht. Oder wir sind dann sehr bedacht darauf, was wir benötigen und was für uns wohltuend ist, und verfallen in eine auf uns selbst fixierte Betrachtung der Übung. Oder aber wir werden zu selbstsicher und vergessen dabei, dass wir nie Meister aller Situationen sein können, sondern dass es so etwas wie eine höhere Gewalt gibt. *Kriyāyoga* lehrt uns in diesem Zusammenhang drei wichtige Einstellungen, die wie tragende Säulen fungieren können: die Dreiheit der Dringlichkeit, Achtsamkeit und Ergebenheit.

TEIL ZWEI

YOGA UND DAS PROJEKT LEBEN

Ein universelles Schema aus dem Yoga

Es gibt eine wiederkehrende, gleiche Struktur, die bei allen erfolgversprechenden Unternehmungen zu finden ist. In diesem Teil geht es um dieses Grundthema des Yoga. Es wird helfen, ein tiefgründiges Verständnis des *Aṣṭāṅgayoga* zu bekommen. Sie, liebe Leserinnen und Leser, können diesen Teil auch später, im Anschluss an den dritten Teil, lesen.

Alles, was wir vorhaben, nähert sich schrittweise der Vollendung. Unabhängig davon, um welches Lebensprojekt oder Thema es sich handeln mag, lässt sich hinter jeder erfolgreichen Entwicklung eine klare Struktur finden. Sie besteht aus vier Schritten:

1. Den Mangel empfinden und ihn beseitigen wollen, sodass wir angetrieben werden, etwas zu unternehmen.
2. Zu den eigentlichen Ursachen des Mangels vordringen.

3. Die Zuversicht entwickeln, in den Zustand zu gelangen, frei von diesem Mangel zu sein.
4. Die Mittel, die dafür notwendig sind, praktizieren und umsetzen.

Das mag sich nun zunächst etwas trocken anhören, aber das Schema ist universell und liefert ein Modell für das Vorgehen, um alle möglichen Arten von Problemen zu bewältigen. Wenn wir einen schönen Garten anlegen wollen, müssen wir angetrieben werden von den Dingen, die uns fehlen, seien es bestimmte Blumen und Gemüse, die schöne Aussicht oder die schattigen Bäume. Wir müssen dann erst prüfen, was dem Boden fehlt, dass es einen solchen Garten nicht schon gibt. Aber allmählich sollten wir uns dann auch die Vision des vollendeten Gartens klar vergegenwärtigen, um letztlich auch den Antrieb zu haben und instinktsicher die notwendigen Schritte dahin zu finden.

Wer ein Geschäft gründen möchte, wird erst klar herausfinden müssen, was auf dem Markt fehlt, und danach recherchieren, warum es fehlt. Nur dann kann der Wunsch oder die Vision eines florierenden Geschäfts, mit dem man andere versorgen kann, zu realistischen Schritten führen.

Wenn wir das Beispiel einer Erkrankung oder eines Heilprozesses nehmen, kann man die vier Schritte ebenfalls deutlich erkennen: Nehmen wir an, wir leiden an Kopfschmerzen. Ab und zu belästigt es uns, wir tun dies oder das, um nicht mehr leiden zu müssen. Wir empfinden den Schmerz, aber nicht wirklich tief genug. Wenn er sich so weiterentwickelt, dass wir ihn nicht mehr erdulden können – in anderen Worten, wir beständig gegenüber dem Leiden sensibilisiert sind –, wird uns nichts anderes übrig bleiben, als zu versuchen, die tiefe Ursache der Beschwerden herauszufinden. Um die richtigen Maßnahmen zu finden und sie auch konsequent zu ergreifen, müssen wir erst die Zuversicht oder die Vision von uns selbst haben als einem Menschen, der von diesen Beschwerden oder ihrem Einfluss auf uns frei ist.

Ob es eine Schule für die Selbstverwirklichung, für die Gesundheit oder für etwas Mondänes wie eine Geschäftseröffnung ist, diese pädagogisch schlüssig aufgebauten Schritte sind universell. Und auch wenn wir uns die Lehren des Buddhismus oder des Ayurveda anschauen, sie alle greifen bekanntermaßen auch auf diese Struktur zurück.

Genau auf diesen vier Schritten baut auch der achtgliedrige Pfad des Yoga, *Aṣṭāṅgayoga,* auf. Im Yoga gelten die ersten drei Schritte als das feste Fundament. Wer Bewusstsein für diese ersten drei Schritte entwickelt, hat einen stabilen Boden, auf welchem als vierter Schritt *Aṣṭāṅgayoga* praktiziert werden kann. Wir beschäftigen uns in den folgenden Abschnitten mit diesen ersten drei Schritten. Im dritten Teil des Buches geht es dann um die acht Glieder des vierten Schrittes.

Bewusstheit über das Leiden als eine universelle Empfindung

Das Leiden ist ein Grundthema des Lebens. Es treibt und jagt den Menschen und ist wie ein nicht fassbarer Anstifter, der das Leben bewegt und vereinnahmt. Seiner Allgegenwärtigkeit mit Einsicht und Respekt zu begegnen ist die Tugend eines weisen Menschen. Ein Weiser bringt sich in Einklang mit dem Leiden als eine transpersönliche, universelle Weltenempfindung.

Diese Einsicht ist keine fatale oder willenlose Akzeptanz, sondern ein realistisches Auftreten im Leben. Denn es ist letztlich das Leiden, das als Ansporn hinter allem Tun in diesem Leben steht.

Man mag fragen, ob es stattdessen nicht eher die Liebe ist, die den Menschen antreibt. Doch dürfen wir dabei nicht vergessen, dass es das Leiden ist, das uns zur schönsten Musik, zur erhabensten Dichtung oder auch zur tiefsten Hingabe ansporn. Wenn wir von unserem persönlichen Leid absehen und darin eine universelle Empfindung erkennen, hilft es, uns mit dem großen Ganzen in Resonanz zu bringen. Wenn wir unser persönliches Leid in das Gesamtbild des Leidens einzubetten beginnen, dann wird das Leiden die Quelle für die Entwicklung von Liebe und Mitempfinden.

Das Leiden als ein Grundphänomen, aus dem sich unser Mitempfinden für alles, was sich in der Natur abspielt, ableitet, beschreibt das *Yogasūtra* 2.15 so:

परिणामतापसंस्कारदुःखैर्गुणवृत्तिविरोधाच्च
दुःखमेव सर्वं विवेकिनः

pariṇāma tāpa saṃskāra duḥkhaiḥ guṅavṛttivirodhācca duḥkhameva sarvaṃ vivekinaḥ

Das Leiden wird ausgelöst durch die Vergänglichkeit, der alles Wahrnehmbare unterliegt, durch die Sehnsucht nach etwas, durch die Abhängigkeit von etwas oder auch einfach durch Konflikte, die innerhalb von uns liegen. Dem empfindsamen Menschen ist die Allgegenwärtigkeit von Leid bewusst.

Leiden kann auf jeden Fall auch kraftspendend sein. Es verleiht nicht nur dem Sänger die Kraft der Stimme oder einer Dichterin die Kraft des Wortes. Es feuert uns auch an, achtsam zu sein und aktiv zu werden, um das Vergrößern des Leids in der Zukunft zu verhindern. Es signalisiert uns die Schmerzen, die eintreten können, und schärft damit unser Bewusstsein für auftretende Hürden und Probleme. Das Leidvolle, das geschehen ist und uns antreibt, gehört der Vergangenheit an. Die Aktivität, die von Leiden angetrieben wird, richtet sich auf die Zukunft. Wir sind einerseits aufgefordert, das Leiden nicht als Feind, sondern als eine Gegebenheit zu sehen, die immer vorhanden ist und vor der es kein wirkliches Entkommen gibt. Andererseits müssen wir lernen, es als einen wirksamen Antrieb wertzuschätzen, um unsere Zukunft weniger leidvoll und hoffnungsvoller zu gestalten.

So heißt es im *Yogasūtra* 2.16:

हेयं दुःखमनागतम्

heyam duḥkhamanāgatam

Leid, das noch bevorsteht, lässt sich vermeiden.

Das Leiden ist im Schema des Yoga der Mangel, *Heyam*, der uns dazu bringt, im Leben überhaupt etwas unternehmen zu wollen. Um in die Welt des *Aṣṭāṅgayoga* tief einzutauchen, ist die Entwicklung dieser Empfindsamkeit, oder zumindest eine Bewusstwerdung darüber, ein hilfreicher erster Schritt.

Das Leiden fordert uns zu zwei unterschiedlichen Handlungen auf: a) seine Allgegenwärtigkeit zu akzeptieren und b) uns doch gegen sein Wiedererscheinen zu wappnen.

DIE AKZEPTANZ-SEITE

Es gehört zum Leben dazu, dass man Freunde verliert, Lebensweisen, Fähigkeiten, Gegenstände oder was auch immer und schließlich auch das Leben selbst. Akzeptanz heißt nicht nur, dass wir Verluste annehmen und uns sagen, dass es nicht so schlimm sei und dass wir unser Leben deswegen nicht zerstören sollten. Zu akzeptieren bedeutet auch, dass man das Leiden als ein kosmisches Vorkommnis sieht. Wenn wir etwas verlieren, sollten wir sehen, dass Verlust und Verlieren Phänomene sind, unter denen die Menschheit oder das Leben als Ganzes leidet. Die Akzeptanz will in eine übergeordnete und weltliche Dimension gesetzt sein. Die Akzeptanz des eigenen Leidens führt mittelbar dazu, dass wir uns nicht ganz so wichtig nehmen. Denn es ist nicht so, als ob wir etwas akzeptieren müssten, was niemand anderes nicht auch akzeptieren muss. Wir werden nie schicksalhaft heimgesucht vom Leiden. Das Leiden ist wie ein entscheidender Motor für die Bewegung in der gesamten Natur. Allein diese Sichtweise auf das Leiden, allein diese Art von Akzeptanz kann uns aus dem Leiden herausführen und wahrhaftiges Mitempfinden in uns entwickeln helfen.

DIE WIDERSTAND-SEITE

Die Akzeptanz sollte nicht im Geringsten dazu führen, dass wir die Augen verschließen, leichtgläubig oder gleichgültig werden. Sie darf uns auch nicht mit einem verminderten Selbstwertgefühl zurücklassen. Außerdem haben wir durch sie das Problem noch nicht gelöst. Die Akzeptanz ist vor allem die Voraussetzung für das, was vor dem Widerstandleisten geschehen muss. Nachdem wir akzeptiert haben, brauchen wir die Tatkraft, um für das, was wir pflegen und erhalten können, zu kämpfen.

Kämpfen gegen was? Wenn wir zum Beispiel an einer Krankheit leiden, bleiben wir uns bewusst, dass die Krankheit möglicherweise immer wieder versuchen wird, Lücken und Schlupflöcher zu finden, durch die sie wieder herein kann. Das erfordert Wachsamkeit, den Willen, nicht zu erkranken, und auch die Bereitschaft, Maßnahmen für die Entfaltung der Widerstandskraft zu ergreifen. Wir können lediglich das künftige Leid vermeiden, aber wir können nicht das, was hinter uns liegt, bekämpfen. Folglich ist das wirkliche Problem das Leid, das vor uns liegt. Dies klingt fast wie eine Plattitüde, erscheint es uns doch so klar. Dennoch, wenn wir unsere Psyche ansehen, ist vieles, was wir zu bekämpfen versuchen, schon längst geschehen. Nein, es ist das, was vor uns liegt und was noch kommen kann, was uns wirklich stört.

Diese bewusste Ausrichtung unseres Augenmerks auf das Leiden ist wichtig, damit wir unsere Aufmerksamkeit und unsere Bereitschaft für das reservieren, was vor uns liegt und wirklich bedrohlich ist, und nicht zu sehr auf das, was bereits passiert ist.

Bewusstheit über die innere Anfälligkeit als Ursache

Das Leidvolle ist eine Empfindung, die von Dingen außerhalb von uns ausgelöst sein kann, aber sie schlägt in der eigenen Brust, schränkt unsere persönliche Freiheitsempfindung ein und lässt sich nicht aus uns vertreiben. Es bleibt uns letztlich nichts anderes übrig, als nach der Ursache der Verletzbarkeit, der Widerstandsunfähigkeit oder der Anfälligkeit in uns zu suchen.

Wir können zwar Krankheitserreger durch Impfungen verbannen, die Anfälligkeit für bekannte oder neuartige Erkrankungen können wir jedoch nur durch die Lösung der inneren Schwächen und Störungen und durch die Stärkung der eigenen Immunität reduzieren. Die tief liegende und allersubtilste Störung in uns ist unsere Neigung zu Projektionen. Was sind Projektionen, oder wie es im Yoga heißt, *Saṃyoga*? Projektionen sind Neigungen, die uns von Tatsachen oder der Realität, die vor uns liegt, ablenken und uns daraus etwas anderes machen lassen; sie wickeln uns schließlich in Erwartungen ein, die, wenn sie nicht in Erfüllung gehen, uns in Enttäuschung und Trauer stürzen.

Nehmen wir das Beispiel, dass wir zu einem wichtigen Bewerbungsgespräch gehen, dabei aber starke Kopfschmerzen haben. Wir sind vorbereitet auf das Gespräch, das ist real, und dass wir an Kopfschmerzen leiden, stimmt auch. In dieser Situation kann es nun vorkommen, dass wir

a) im Voraus schon so sehr von unserem Erfolg überzeugt sind, dass wir tun, als hätten wir gar nichts;
b) auf jeden Fall Erfolg haben möchten und versuchen, uns zu verhalten, als ob wir keine Kopfschmerzen hätten;
c) den Kopfschmerz als Beweis dafür ansehen, dass wir keinen Erfolg haben werden;
d) in Angst geraten, beim Interview zu versagen, sodass die Kopfschmerzen noch heftiger werden.

Wenn ich das Bild davon, was die Kopfschmerzen mit mir machen, in dieser Weise auf mich projiziere, dann habe ich verloren. Denn dann verliere ich die Chance, sie loszuwerden oder beim Interview selbstbewusst aufzutreten. Um uns nicht von diesem Bild gefangen nehmen zu lassen, braucht es ein inneres Selbsttraining. Wir müssen die Fähigkeit entwickeln, unsere Projektionen zurückzunehmen, und müssen aufhören, uns so zu sehen, wie wir sein wollen oder wie wir befürchten zu sein.

Dazu sagt *Yogasūtra* 2.17:

द्रष्टृदृश्ययोः संयोगो हेयहेतुः

draṣṭṛdṛśyayoḥ saṃyogo heyahetuḥ

Die Ursache des Leidens ist Saṃyoga, die Anbindung während der Wahrnehmung mit dem wahrgenommenen Objekt.

Stolz, Gier, Ablehnung und Angst sind tief liegende Störungen, die uns in Projektionen führen und uns hindern, ein klares Maß in Bezug auf die Realität zu finden. (Sie sind im Yoga die vier *Kleśas*, die sich aus einem Haupt-*Kleśa*, der Täuschung, ergeben.)

Diese Art, zu projizieren und dabei eine Art Verknüpfung zu bilden, heißt *Samyoga* und bedeutet, den Gegenstand, den wir sehen, anders zu werten, als er eigentlich ist.

Wenn ich zum Beispiel ein zusammengerolltes Seil mit einer Schlange verwechsle, passiert dies nur, weil in mir das jeweils andere Bild ist. Ich werde nie eine Schlange mit einem Seil verwechseln, wenn da nicht das Bild des Seils in mir wäre. Ein gesundes Tier mit intakten Instinkten wird, wenn es in die Nähe eines Seils kommt, welches im Halbdunkel sehr nach einer Schlange aussieht, hundertprozentig nicht so agieren, als könnte es eine Schlange sein. Wenn es tatsächlich eine Schlange ist, wird das Tier hundertprozentig nicht in deren Nähe kommen. Doch ich werde womöglich durch meine Projektion das eine für das andere halten. Daher wird uns im Yoga aufgetragen, zu uns zurückzukommen. Wo sind wir dann? Was ist unsere Rolle im Ganzen? Wie können wir unseren Anteil am Problem korrigieren?

Wenn wir nicht projizieren, können wir, solange die Sinne intakt sind, nicht falsch sehen. Das heißt nicht, dass Projizieren grundsätzlich falsch ist. Manchmal müssen wir projizieren, wenn wir z. B. über Unbekanntes etwas herausfinden müssen. Wenn wir über etwas noch gar nichts wissen, dann versuchen wir es mit der Trial-and-Error-Methode. Wir machen einen Versuch, machen dabei vielleicht einen Fehler und suchen nach einem anderen Lösungsweg. Das ist keine Projektion im eigentlichen Sinne, weil wir dabei im

Vorhinein wissen, dass wir es nicht unbedingt korrekt machen und es einfach versuchen. Insofern ist dies kein Fehler, sondern ein bewusster Versuch. Denn manchmal müssen wir zunächst etwas vermuten, wenn wir zum Beispiel Neues lernen wollen, weil wir noch gar nicht sicher sein können.

Projektionen werden grundsätzlich geringer, wenn die Idee des »Eigentums« entfällt. Wenn wir das Haus, das wir bewohnen, unabhängig davon, ob es unser Eigentum ist oder nicht, so betrachten, als ob wir ein Gast wären, es also so sehen, wie es ist, dann nehmen wir die Gegebenheiten in diesem Haus so wahr, wie sie sind. Einem Gast gehört das Haus nicht, es ist nicht seine eigene Welt, er kommt, verweilt und verabschiedet sich wieder. So kommen auch wir auf die Erde und verlassen sie auch wieder. Eine solche Haltung kann helfen, das gesamte Leben mit einem ganz großen Abstand zu betrachten. Wie es in einer der ersten Sätze der *Īśā-Upaniṣad* heißt: »Du kommst auf die Erde und nichts gehört dir, du bist nur ein Gast!«

Sich sicher sein, das Ziel zu erreichen

Hier nehmen wir das Beispiel eines Menschen, der von einer Krankheit befallen ist, für die bisher noch keine Heilmethoden gefunden worden sind. Wenn ein solcher Mensch sein Leiden in der richtigen Weise durchlebt und seine eigenen Schwachpunkte erkennt, die ihn in seinem eigenen Leiden festhalten, wird er aufstehen und sein Lebensschicksal ändern wollen. Er wird sich sagen: »Ich stehe auf. Es geht um meine Freiheit. Ich nehme das Ruder in meine Hand und drehe jetzt um.« Da ihm keine anderen Möglichkeiten übrig bleiben, gibt ihm das Schicksal Mut, die eigenen Heilkräfte anzuvisieren, an sie zu glauben und sich in Zuversicht und einem Bild der Unabhängigkeit zu üben.

Diese tiefe Überzeugung, dass wir dafür prädestiniert sind, frei zu sein, oder die Fähigkeit haben, die eigene Freiheit zu behaupten, ist ein wichtiger dritter Schritt, um die notwendigen Maßnahmen in überzeugter Weise durchzuführen. Sie wird uns den Eifer, die

Dringlichkeit und den Mut geben, die die Übung bzw. der Weg zur Veränderung brauchen wird.

In den Versen 2.25 und 2.26 des *Yogasūtra* heißt es folglich:

तदभावात्संयोगाभावो हानं तद्दृशेः कैवल्यम्

tadabhāvātsaṃyogābhāvo hānaṃ taddṛśeḥ kaivalyam

Bleiben die zur Verwechslung führenden Neigungen inaktiv, gehen sie zurück, wird die Berührung mit den Objekten dieser Welt den wesentlichen Kern von uns nicht verschleiern.

विवेकख्यातिरविप्लवा हानोपायः

vivekakhyātiraviplavā hānopāyaḥ

Der direkte Weg zum Ziel ist das Auseinanderhalten, das differenzierte Erkennen der Objekte.

In Fesseln zu sein bedeutet, dass wir manchmal Dinge machen, bei denen wir nicht frei und selbstständig sind. Ein junger Mensch geht in die Disco, tanzt und fühlt sich total frei. Doch auf dem Weg zur Disco muss er sich überlegen, ob er reingelassen wird, denn da gibt es einen Türsteher, der ihm den Abend vermiesen kann. Also überlegt er sich auf dem Weg dorthin: »Welchen Eindruck mach ich und wie präsentiere ich mich, damit ich nicht rausgeschmissen werde?« Wie werden wir so frei, dass uns nichts zurückhält? Auch für diesen Menschen, der beim Tanzen seine Freiheit sucht, besteht die Notwendigkeit, überhaupt da hineinzukommen, um von seinen Fesseln frei zu sein, und sei es nur für ein paar Stunden.

Tief in uns gibt es das Gefühl, dass wir völlig frei sein können, frei von allem, was uns umgibt. Wir können auf realistische Weise sagen: Völlig frei werden wir nie sein. Es wird immer irgendwelche Fesseln geben, solange wir leben. Aber wenn wir an das Potenzial in uns glauben, werden wir trotzdem versuchen, für den Rest des Lebens freier zu sein. Diesen Wunsch, möglichst viele Fesseln loszuwerden, wird es in uns geben, ob wir gläubig in einem religiösen Sinn sind oder wir irgendetwas Transzendentales erreichen wollen.

Die Welt des Scheins und der Kommerz nutzen den Drang nach Freiheit, um für alles Mögliche zu werben. Aber auch wenn man um einen Mann oder eine Frau wirbt, wird dahinter die Freiheit von Nöten, Einsamkeit, Unselbstständigkeit etc. gesucht. Freiheit und Selbstständigkeit bleiben als reale Ziele in unserer Seele. Bereits vom ersten Tag an, wenn sich ein Kind aus dem Mutterleib und von der Nabelschnur befreit, sieht, riecht und ahnt es unbewusst den Drang nach Selbstständigkeit; das ist nichts Abgehobenes oder Fremdes in uns. Doch all dieses Streben nach Befreiung nützt nichts, wenn wir uns von Ersatzempfindungen befriedigten lassen und es nicht zu mehr Freiheit von den eigenen inneren Zwängen und Meinungen führt. Die totale Freiheit als kostbares Phänomen zu spüren und zu ahnen vermittelt ein weites Raumgefühl und regt uns dazu an, die nötigen Übungsschritte auszuführen.

Egal welche Art von Freiheit wir suchen, es wird dabei immer um die Freiheit von Fesseln gehen, ein Leben lang. Aber im Sinne einer nachhaltigeren Freiheit müssen wir uns schon ein höheres Ziel stecken, muss uns eine größere Vorstellung von Freiheit locken. Für einen kranken Menschen bedeutet Freiheit, dass die Krankheit ihn nicht mehr beeinträchtigt und er frei ist von allen Schmerzen. Was will der Mensch, wenn er frei ist? Wenn es das Ziel eines Kranken ist, unbedingt noch einen bestimmten Berg zu erklimmen, wird es ihn vielleicht nicht stark genug beflügeln, sein Leben wirklich umzugestalten. Die Vision der Freiheit muss uns viel mehr involvieren. Es muss ein Ziel sein, das uns dahin bringt, das Potenzial zur Selbstständigkeit, Unabhängigkeit oder Freiheit zu spüren, das in uns ruht. Solche Gewissheit bzw. diese Art der Zuversicht wird uns auf die richtige Weise motivieren, die notwendigen Schritte zu unternehmen. Mehr noch, sie wird uns die Klarheit geben, die Schritte zu finden, die wir zu machen haben.

Die Mittel finden und sie anwenden

In den drei vorigen Kapiteln habe ich diese drei Schritte beschrieben: Leiden als eine universelle Empfindung erkennen, sich der eigenen Projektionen bewusst werden und die Sicherheit entwickeln, das Ziel erreichen zu können. Bewusstsein über diese drei Schritte bringt uns nicht nur dazu, den richtigen *Aṣṭāṅgayoga* zu üben, sondern auch tiefgreifende Veränderungen herbeizuführen, wie es das *Yogasūtra* 2.28 beschreibt:

योगाङ्गानुष्ठानादशुद्धिक्षये ज्ञानदीप्तिराविवेकख्यातेः

yogāṅgānuṣṭhānādaśuddhikṣaye jñānadīptirāvivekakhyāteḥ

Durch den Übungsweg des Yoga gehen die verschleiernden Unreinheiten des Geistes zurück, sodass Weisheit durchscheint und die Unterscheidungsfähigkeit zwischen Schein und Wirklichkeit erwächst.

Zusammenfassend lässt sich sagen: Durch die ersten drei Schritte kommen wir in die Wachheit, um die richtigen Übungen, Anwendungen, Einstellungen und Ansichten zu finden, sodass wir unbeirrt den Weg aus dem Leiden oder der Enge einschlagen können. Das Beherzigen dieser drei Weisheiten, die die drei wichtigen Schritte bilden, wird zu einem stabilen Fundament, worauf die Übungen des Yoga eine ganz neue Bedeutung und ihre Wirksamkeit neue Intensität bekommen. Die Basis, auf der die Übungen einen Sinn ergeben und richtig sein werden, ist immer die Unterscheidungskraft, *Viveka*. Es geht darum, Sein vom Schein, Imagination von Realität und Wunsch von Tatsache zu differenzieren.

TEIL DREI

DIE ACHT GLIEDER DES YOGA

Acht Glieder, die gemeinsam einen Korpus bilden

Der Begriff *Aṣṭāṅgayoga* deutet auf acht *Aṅgas*, d. h. auf acht Glieder hin. Es handelt sich dabei nicht um Übungsstufen, die man nacheinander einübt, sondern um einzelne Glieder, die allesamt wichtig sind, miteinander in Verbindung stehen und im Übungsschema die gleiche wertvolle Bedeutung haben. Es geht hier also um acht Teile, die zusammengehören. Die Vertiefung der Übung eines *Aṅgas* wird uns darin unterstützen, die anderen besser zu üben. Dabei werden wir für manche von ihnen mehr Geduld brauchen.

Bei allen acht Gliedern geht es um eine Art Disziplinierung. Das Wort »Disziplin« mag in der deutschen Sprache problematisch klingen, die Disziplinierungskraft kann jedoch auf eine sehr sinnvolle Weise eingesetzt werden. Im Yoga steht Disziplin immer in Zusammenhang mit dem eigenen Entwicklungsprozess und auch in Verbindung mit dem großen Ziel der geistigen Klarheit, einer gesteigerten

Differenzierungsfähigkeit. Gemeint ist immer eine Disziplin, die hilft, frei zu werden.

Der Zusammenhang der Glieder

In der modernen Welt sind wir uns der Wichtigkeit der Idee von Ganzheit sehr bewusst, und zwar wohl vor allem deshalb, weil sie uns abhandengekommen ist. Holistisches Denken wird von allen Seiten als eine wichtige Formel für unsere Zukunft gepriesen. Was aber meinen wir mit dem holistischen Denken? Im Yoga besteht die Ganzheit des individuellen Systems, z. B. eines Menschen, aus einer Zusammenfügung der Natur, seiner unmittelbaren Umwelt, seinem Körper, seinem Atem, seiner Sinne und seines Geistes. Eine ganzheitliche Betrachtung muss entsprechend die Natur, das eigene Leben, den Körper, den Atem, die Sinne und den eigenen Geist berücksichtigen. Eine wirkliche Gesundung bedarf des Einbezugs all dieser Faktoren, erst dann ist der Mensch im holistischen Sinne geheilt.

Dieses System sei hier am Beispiel einer Krankheit erklärt: Man hat Beschwerden, sucht einen Arzt auf und beschreibt ihm die Symptome. Dieser stellt die Ursache fest, die Zielsetzung wird daraufhin definiert, die Mittel sowie Anweisungen für die Heilung werden gegeben. Wenn alles gut geht, sind wir »gesund«. Eine nachhaltige und holistische Heilung gibt es jedoch erst, wenn Folgendes einbezogen wird:

a) das Verständnis für den Zusammenhang aller Dinge in der Natur,
b) die Ausgewohnheit des Lebensstils,
c) die eigene Körperwahrnehmung,
d) das Zur-Kenntnis-Nehmen der Signale des eigenen Atems,
e) die Wachsamkeit der Sinne und
f) die geistige Fähigkeit, die Realität klarer zu sehen.

Hierzu gehören letztendlich:

g) die geistige Fähigkeit, die Realität auf uns wirken zu lassen, ohne sie zu verändern zu wollen, und

h) die geistige Fähigkeit, in völliger Stille zur Betrachterin/zum Betrachter der Realität zu werden.

All diese Punkte sorgen in ihrem Zusammenwirken dafür, dass nicht nur vorübergehende Abweichungen von der Gesundheitsnorm überwunden werden, sondern Krankheit als Störung keine Angst mehr einflößt, die eigenen Widerstandskräfte tiefergehend wirken und der Mut, mehr aus den eigenen Heilkräften zu schöpfen, gesteigert wird. Mit Heilung wird hier eine seelische Heilung anvisiert, Heilung im Sinne von vollkommener menschlicher Entfaltung. Diese Aufzählung der acht Seiten einer ganzheitlichen Entwicklung entsprechen den acht Gliedern des Yoga.

Ein Philosoph, der über Weisheiten nachsinnt, oder eine Wissenschaftlerin, die Gutes für die Menschheit entwickeln möchte, kann es sich gar nicht leisten, die Natur, die Lebensrealität, die Mechanismen des menschlichen Körpers oder die Grenzen und Täuschungen des eigenen Geistes zu ignorieren. Auch wenn wir Yoga üben wollen, können wir keinen dieser Faktoren ignorieren, sonst laufen wir Gefahr, uns nur um die eigene Achse zu drehen, statt in unser wahres Potenzial hineinzuwachsen.

Eine Zusammenfassung der acht Glieder

Im Vers 2.29 des *Yogasūtra* werden die acht Glieder aufgezählt:

यमनियमासनप्राणायामप्रत्याहारधारणाध्यान-
समाधयोऽष्टावङ्गानि

yama niyamāsana prāṇāyāma pratyāhāra dhāraṇā dhyāna
samādhayo'ṣṭāvaṅgāni

Die acht Glieder sind: die Disziplinen im zwischenmenschlichen Verhalten, die Regeln des Alltagsverhaltens, Körperhaltung, Regulierung des Atems, Sinnesanbindung ans Innere, die anhaltende Ausrichtung der Gedanken, das stille Reflektieren und die vollkommene Erkenntnis.

Yama – Disziplin: Regeln, die nicht der Mensch gemacht hat, sondern die das Zusammenleben als ein Glied in der Natur von uns abverlangt.

Niyama – persönliche Disziplin: Die Beherrschung, die unseren Selbstwert auf einem gesunden Niveau zu halten hilft.

Āsana – Körperhaltung: Der Umgang mit dem eigenen Körper, der nicht nur Pflege braucht, um seine Kraft und Gesundheit zu erhalten, sondern in dem auch unser Geist wohnt.

Prāṇāyāma – Atembewusstsein: Die Berücksichtigung des Atems, denn Gleichmäßigkeit, Ruhe, Unruhe, Zeitgefühl, das alles hängt mit der Qualität der Atmung zusammen.

Pratyāhāra – das Bewusstsein für die Sinne: Mit den Informationen, die unsere Sinne überfluten, umgehen zu lernen, sodass es nicht sie sind, die unseren Geist lenken.

Dhāraṇā – Konzentrationsfähigkeit: Die Fähigkeit, fokussiert bei einem Thema zu bleiben, ohne in Ohnmacht, in Gedankenlosigkeit und Abgelenktheit oder in einen schlafähnlichen Zustand zu verfallen.

Dhyānam – Wachsamkeit: Nicht nur konzentriert zu sein, sondern auch das Objekt, das man anschaut, frei von eigenen Meinungen anzuschauen, von Projektionen loszulassen und zu hören im Sinne eines Offen-Seins für das, was der Ton sagt.

Samādhi – vollkommen beim Gegenüber sein: Üben, die Abwehrhaltung vollkommen fallen zu lassen und ohne Angst und ohne Wenn und Aber das gewohnte »Ich« gehen zu lassen, weil dieses sowieso zu uns gehört.

In den folgenden acht Kapiteln werden diese Übungsschritte näher beschrieben.

1. *Yama*

EIN KONSENS UNTER LEBEWESEN

In allen Kulturen der Welt gelten Gebote, die in der jeweiligen Religion oder Ethik ihren Ursprung haben. Die Regeln des Yoga sind weniger Gebote, sondern sind eher als ein Konsens zu verstehen. Es ist ein Konsens, der für uns, unser Zusammenleben und für ein zukünftiges Leben kaum verzichtbar ist. Es ist ein Konsens, der uns helfen kann, eine Atmosphäre zu kreieren, in der ein friedliches Miteinander erst möglich wird. Es ist ein Konsens, der jedem Teil der Schöpfung seinen Platz gewährt und den Menschen darin einbindet.

Diese fünf Regeln stellt das *Yogasūtra* 2.30 auf:

अहिंसासत्यास्तेयब्रह्मचर्यापरिग्रहाः यमाः

ahiṁsāsatyāsteyabrahmacaryāparigrahāḥ yamāḥ

Yama, die Disziplinen im zwischenmenschlichen Verhalten, umfassen Gewaltlosigkeit, Wahrhaftigkeit, Nicht-Stehlen, Handeln im Bewusstsein der Allseele und Anspruchslosigkeit.

DIE GRENZEN DER ETHIKVORSTELLUNG

Alle Veränderungen geschehen nur in Schritten, ob es die Metamorphose in der Natur ist oder das Vorhaben eines Menschen, der mit seinem Willen etwas bewirken möchte. Das gilt auch für die Änderungen, die wir mit Yoga anstreben. Wenn wir persönliche Veränderungen in unserem Verhalten vornehmen wollen, werden die Hintergründe unserer Persönlichkeit oder die Umstände unseres Lebens uns herausfordern; und dies kann zum Teil heftige Emotionen auslösen. Die Unterdrückung dieser Emotionen wird dem gesunden Zusammenwirken mit anderen Menschen offensichtlich nicht dienen. Ethische Regeln sind zwar wichtig, es ist aber nicht sinnvoll, sie nur blind befolgen zu wollen.

Wer sich ethischen Regeln stellt, muss die eigenen Neigungen und Hintergründe berücksichtigen. Wir können die Prägungen nicht ignorieren, die zu unserem Erbe oder zu unserer Persönlichkeit gehören. Diese können es uns erschweren, Gebote oder Regeln mit Leichtigkeit anzunehmen, sie zu befolgen und einzuhalten. Nehmen wir als Beispiel die Entscheidung einer Familie, zornige Ausbrüche zu unterlassen, um mehr Frieden zu haben. Ein Choleriker in der Familie wird es wesentlich schwerer finden, sich da zu zügeln. Er wird viel mehr Zeit brauchen und unter Umständen viel mehr reflektieren müssen, um dahin zu kommen, wo die anderen sind. Insofern ist seine Bemühung, den Zorn zu beherrschen, unter Umständen tiefergehend. Seinen Zornausbruch könnte man als etwas einordnen, was seinem Naturell entspricht. Dagegen kann das wohlkalkulierte, ungerechte Ausschimpfen durch einen Sanftmütigen aus der Familie viel problematischer sein und ein größeres Zornpotenzial verraten. Letztendlich müssen aber beide, unabhängig von jeweiligen Verhaltensstrukturen, dahin kommen, dass sie die Regeln einhalten. Sie allein können beurteilen, wo sie in Bezug auf ihre Selbstdisziplinierung stehen.

Bei ethischen Regeln ist es wichtig, auch den Ort der Verletzung zu berücksichtigen. Es kann durchaus angebracht und der Situation angemessen sein, wenn eine wache Grundschullehrerin »Ruhe!« schreit und auf den Tisch klopft, während die Kinder unbeherrscht im Klassenzimmer toben. Macht sie das jedoch zu Hause beim Abendessen, während sie müde und ihre Familie belustigt ist, ist es selbstverständlich problematisch. Der Zorn als Potenzial kann in einer Situation wirksam und fair, hingegen aber in einer anderen ungerecht und anfechtbar sein. Doch kann dieselbe Person sich dahin entwickeln, dass sie die forsche Vorgehensweise auch in der Schule nicht mehr braucht, wenn sie die unbeirrbare Ausrichtung hat, die ihr hilft, Disziplin im Raum entstehen zu lassen.

Abhängig von der Zeit, respektive vom Alter, ist eine gewisse Art des Redens zulässig und angebracht oder auch nicht. Das zornige Auftreten eines pubertierenden Mädchens oder Jungens gegenüber den Eltern ist nicht das Gleiche wie das einer jungen Frau oder eines jungen Mannes. Und wiederum bei einer reifen erwachsenen Person in höherem Alter wird dieses Verhalten ziemlich fragwürdig erscheinen. Es ist möglich für uns, in die Fähigkeit hineinzuwachsen, in schwierigen Situationen Gelassenheit zu bewahren, sodass Streit nicht gleich in Gewalt zu eskalieren droht.

Manchmal befördert die Situation, in der wir sind, das zornige Auftreten. Wenn innerhalb der Familie eine Meinungsverschiedenheit oder sogar ein Streit ausgetragen wird, kann es durchaus vorkommen, dass wir im Zuge dieser Argumentation laut und zornig werden, da sich alle in das Thema hineinsteigern und versuchen, Gehör für das, was sie sagen wollen, zu bekommen. Aber wenn wir am Tisch mit der gleichen zornigen Stimme sagen würden: »Reich mir die Butter«, dann wäre das problematisch. So ist es aufgrund der Situation manchmal unterschiedlich, was angebracht ist und was nicht. Wer aber gelernt hat, sich zu beherrschen, wird die eigene Stimme im Zaum halten können, denn durch sie allein steigert sich die Aussagekraft unserer Worte.

In diesen Zusammenhang gehört das *Yogasūtra* 2.31:

जातिदेशकालसमयानवच्छिन्नास्सार्वभौमा महाव्रतम्

jātideśakālasamayānavacchinnāssārvabhaumā mahāvratam

Meisterschaft darin entsteht, wenn wir uns unbeeinflusst von der Herkunft, dem Ort, dem Zeitpunkt oder der Situation, in der wir sind, an diese Regeln halten.

Von Gewalt abzusehen, sich der Wahrheit zu verpflichten, von Diebstahl abzusehen, die Würde anderer Menschen zu ehren und nicht dem Streben, unseren Besitz zu vergrößern, nachzugehen – das sind fünf Regeln des Yoga. Jede und jeder von uns braucht Schritte, die dem, wo wir gerade stehen, entsprechen, um bis in alle Tiefe diese Regeln zu verwirklichen. Die vier Faktoren – der persönliche Hintergrund, der Ort, die Zeit und die Situation – sind Kontexte, in denen wir mit Konflikten beim Umsetzen der Regeln konfrontiert werden. Sie erfordern, dass wir persönliche Brücken bauen, um bei unseren Vorsätzen weiterzukommen. Die Intensität und Ernsthaftigkeit unserer Übungsabsicht wird helfen, dass wir diese Vorsätze einhalten und dabei durchhalten.

DIE UMSICHTIGKEIT BEIM UMGANG MIT REGELN

Yama und *Niyama*, die beiden ersten Glieder, benennen die Regeln für das zwischenmenschliche Verhalten und für das Alltagsverhalten. Die fünf Regeln des *Niyama* enthalten die fünf Verpflichtungen, sich rein zu halten, zufrieden zu zeigen, in Selbstdisziplin zu üben, sich weiterzubilden und in Hochachtung zu üben. Was müssen wir jeweils tun und was sollen wir lassen, um bei den insgesamt zehn Regeln richtig zu handeln? Die Umsetzung ist um einiges schwieriger als das Aufstellen der Regeln.

Um mich rein zu halten, wasche ich mich zum Beispiel und befreie mich von Schmutz. Bis zu welchem Punkt ist diese Beschäftigung eine Reinigung und ab wann tendiere ich dazu, es zu einer narzisstischen Beschäftigung mit mir selbst werden zu lassen? Werde ich gewaltvoll, wenn ich streng bin? Solche Fragen sind oft nicht leicht zu beantworten, es können Zweifel aufkommen. Wir können in Bezug auf all die zehn Themen Zweifel bekommen, ob und wie wir das Richtige machen. Wenn es Zweifel und gegenläufige Gedanken gibt, müssen wir umsichtig sein, uns gegebenenfalls in unser Gegenüber hineinversetzen oder unseren Blickwinkel auf diese erweitern.

Nehmen wir das Beispiel einer Streitsituation mit einem Kollegen, in der wir unseren Vorsatz, von Gewalt abzusehen, ernst nehmen möchten. Wir können auf verschiedene Art und Weise die Position wechseln: Wir können uns in den Kollegen hineinversetzen oder auch in eine Person, deren Haltung wir respektieren, die für uns ein Rollenmodell sein könnte und die statt unser auf den Kollegen trifft. Wie würden wir reagieren, wenn wir in der Position unseres Kontrahenten wären? Und wie würde der Mensch, dessen

Haltung wir respektieren, reagieren, wenn es um ihn ginge, oder wie würden wir reagieren, wenn wir dieser wären? Diese Rollenwechsel können helfen, tief in die Position des Gegenübers hineinzublicken.

Dazu *Yogasūtra* 2.33:

वितर्कबाधने प्रतिपक्षभावनम्

vitarkabādhane pratipakṣabhāvanam

Unsicherheit in Bezug auf die Umsetzung der Verhaltensregeln von Yama oder Niyama lässt sich durch Bhāvana [die intensive Einstellung] auf das Gegenteil von dem, was wir für richtig halten, lösen (Bhāvana auf die Gegenposition).

Es ist nicht einfach, sich in jemanden einzufühlen, den oder die man nicht mag. Die Fähigkeit zur Empathie ist aber trainierbar, besonders dadurch, dass wir uns an Menschen orientieren, deren Entwicklung wir schätzen. Yoga nennt solche Empathie *Bhāvana*. Hierbei können uns ein paar Fragestellungen helfen, die eigenen Gedanken mit Abstand anzuschauen. Das wird einem nur in einem ruhigen Moment gelingen. Da kann es passieren, dass wir uns die Situation aus einer anderen Perspektive so lebendig vergegenwärtigen, also zu einem *Bhāvana* werden lassen, dass wir eine authentisch gereifte Antwort auf die Frage bekommen. Welche Art der Fragestellung ist das?

Sich intensiv auf das Gegenteil einzustellen bedeutet, dass wir unsere bevorstehende Tat mittels bestimmter Fragen überprüfen.

Eben diese Fragen werden im *Yogasūtra* 2.34 formuliert:

वितर्का हिंसादयः कृतकारितानुमोदिता लोभक्रोधमोहपूर्वका मृदुमध्याधिमात्रा दुःखाज्ञानानन्तफला इति प्रतिपक्षभावनम्

vitarkā hiṁsādayaḥ kṛtakāritānumoditā lobhakrodhamohapūrvakā mṛdumadhyādhimātrā duḥkhājñānānantaphalā iti pratipakṣabhāvanam

Sich intensiv auf das Gegenteil einstellen bedeutet, dass wir unsere bevorstehende Tat hinterfragen: Zieht sie mich in Richtung Verletzen, Lügen, Verunreinigung, Unzufriedenheit usw.? Wenn ich nicht direkt Täter bin, bin ich vielleicht der Veranlasser der Tat oder der freudige Zuschauer? Hat die Tat Gier, Wut oder Unklarheit als Motivation? Ist sie mild, mäßig oder intensiv? Wird sie endlose Folgen (Leid, Verwirrung, Angst usw.) mit sich bringen?

Von Gewalt abzusehen bedeutet nicht nur, keine direkte Gewalt anzuwenden, sondern auch, nicht zu fördern, dass sie angewendet wird, und auch nicht mit Genugtuung auf die Anwendung von Gewalt zu schauen. Wenn wir uns sagen, dass wir mit einer Gewaltäußerung nichts zu tun haben, so sollten wir dabei auch überlegen, ob wir nicht insgeheim froh sind, den Kontrahenten aus anderen, uns unbekannten Gründen leiden zu sehen, auch wenn wir selbst nicht direkt zum Täter geworden sind. Sich selber kritisch zu sehen wird vor allem verhindert durch die eigene Gier, Wut und Verblendung. Tief in uns liegende Gier wird uns daran hindern, dass wir es bemerken, wenn wir etwas beanspruchen, was wir nicht brauchen oder nicht rechtmäßig uns gehört. Wenn wir wütend sind, werden wir Unwahrheiten von uns geben, ohne zu merken, dass wir nicht die Wahrheit sagen. Wenn wir verblendet sind, werden wir die eigene Bequemlichkeit mit innerer Zufriedenheit oder Gleichmut verwechseln.

Es kann manchmal aber auch Situationen geben, in denen wir die Wahrheit verschleiern oder die Selbstdisziplin locker angehen müssen. Die Einhaltung der fünf *Yamas* und der fünf *Niyamas* kann gewisse Unterlassung erfordern, aber wir müssen kritisch hinterfragen, ob wir die Situation nicht als Vorwand nehmen und uns von unserem Vorsatz zu stark entfernen. Das Ziel ist, dass wir von einer milden Übungsintensität in eine mäßige und allmählich in eine starke Beharrlichkeit hineinkommen.

Die eigene Absicht mit Abstand zu sehen und eine Gegenperspektive einzunehmen wird auch dadurch möglich, dass wir uns die Gesamtfolgen der beabsichtigten Tat vorstellen. Was wird passieren, wenn wir uns nicht mehr bemühen, uns rein zu halten oder aber andererseits diese Bemühungen übertreiben? Wo werden wir in einem Jahr sein, wenn wir in der gleichen Weise wie bis jetzt weitermachen? Durch solches Hinterfragen können wir die eigene Umsetzung von *Yama* und *Niyama* mit Abstand betrachten.

AHIṂSĀ

Ahiṃsā ist das erste und wichtigste der fünf *Yamas*. »*Ahiṃsā* ist Güte und Mitgefühl gegenüber allen Lebewesen«, sagte Krishnamacharya. *Hiṃsa* bedeutet »zerstören, benachteiligen« oder »Schmerz zufügen«, *Ahiṃsā* ist das Gegenteil davon. Wenn man *Ahiṃsā* wahrt, dann wahrt man auch die vier anderen *Yamas*.

Ahiṃsā ist eine aktive Haltung, die nicht leicht zu leben ist. Es genügt nicht, sich vegetarisch zu ernähren oder zu beschließen, nicht mehr laut und in Schimpfworten zu reden. Es ist komplexer und geht tiefer. Denn es geht hier darum, sowohl konfliktfähig zu sein, als auch selbst keine Konflikte auszulösen. Wer in einen Konflikt hineingeht, ohne im Gegenüber die Gewaltempfindung auszulösen oder zu vergrößern, der ist wahrhaftig gewaltlos.

Die Gewaltlosigkeit gilt nicht nur für das Reden und das Denken, sondern ausdrücklich auch für das Handeln. Die Gewaltlosigkeit erfordert Mut. Ein mutiger Mensch fürchtet sich nicht vor jemandem, der stark, reich oder schneller ist. Der Gewaltlose ist nicht nur ein mutiger Mensch, mehr noch, vor ihm bekommen andere keine Angst, auch wenn sie schwächer, ärmer oder langsamer sind. Die Friedfertigkeit, die er oder sie in sich trägt, strahlt aus. Es ist ein Mensch, der keine Angst vor irgendjemandem hat und vor dem auch niemand Angst haben muss. Deshalb können Gewaltlose bewirken, dass in ihrer Umgebung Feindseligkeiten zurückgehen, so wie es das *Yogasūtra* 2.35 sagt:

अहिंसाप्रतिष्ठायां तत्सन्निधौ वैरत्यागः

ahiṁsāpratiṣṭhāyāṁ tatsannidhau vairatyāgaḥ

In der Nähe eines Menschen, der Meisterschaft in Gewaltlosigkeit erlangt hat, wird Feindseligkeit nicht gedeihen.

Missverstandener *Ahiṃsā* kann Gewalt erzeugen! Eine Mutter kann zu ihren streitenden Kindern nicht sagen: »Ich mische mich nicht ein.« Das kann den Konflikt vergrößern. Jemanden in seiner Freiheit einzuschränken ist nicht einfach, aber falsches Mitleid kann manchmal Konflikte verschärfen. Gelebter *Ahiṃsā* ist mit harter Arbeit verbunden und kann nicht einfach unhinterfragt mit der Idee des Friedens verknüpft werden. Die Gewaltneigungen zu reduzieren ist das Ziel, und dies kann nicht dadurch erreicht werden, dass man sich zurücknimmt von einer gewaltvollen Welt. Es geht darum, wie man mit der Umgebung umgehen und von innen her die Gewaltlosigkeit entwickeln will. Wenn zwei Menschen miteinander streiten und der eine stark und selbstgerecht auftritt und der andere als das hilflose Opfer, hängt es davon ab, auf welchen der beiden man sich konzentriert und wen man ignoriert. Das Opfer zu retten ist Zivilcourage. Auf den Täter loszugehen zeigt lediglich die eigene Neigung zur Gewalt. Es gilt, den Fokus auf das Opfer auszurichten und alles Notwendige zu tun, um es zu beschützen, auch wenn dadurch der Täter Schaden nimmt. Das ist wahrhaftige Zivilcourage, das ist *Ahiṃsā*.

Wut oder Aggressivität lassen sich langfristig nicht unterdrücken, ohne dass wir gleichzeitig andere Empfindungen mit unterdrücken, etwa die Liebe oder den Sinn für Gerechtigkeit. Das sind Empfindungen, die für das gesellschaftliche Zusammensein förderlich sind. Sie sind mindestens so tief in uns verwurzelt wie der Hass oder die Missgunst. *Ahiṃsā* zu praktizieren erfordert Disziplin, und die folgenden Punkte können dafür förderlich sein:

1. Mut gegenüber allen Menschen zu wahren, auch wenn sie uns mächtig erscheinen;
2. Geringschätzung ablegen und Empathie für alles Leben entwickeln;
3. zu verweigern, die Gewaltsprache zu sprechen, und stattdessen lernen, eine freundliche Sprache zu beherrschen;
4. die Begegnung mit der Gewalt immer auch als Aufforderung zu sehen, dem eigenen Potenzial an Gewalt zu begegnen.

»Dhig balam kṣatriya balam bramha tejo balam balam«, zitierte mein Lehrer oft mit kraftvoller Stimme. Dieses Zitat aus dem *Mahābhārata* ist die Mahnung, dass die physische Kraft eines Kriegers verwerflich und allein die geistige Kraft wirksam ist.

Gewalt überträgt sich, aber das Gewaltlose auch. Man kann tatsächlich eine gewaltvolle Situation oder Stimmung beruhigen, indem man zumindest eine Haltung einnimmt, die nicht gewaltvoll ist. Wenn ein Lehrer zu seiner Schulklasse sagt: »Seid still«, wird es von seiner Haltung abhängen, ob dies die Schüler und Schülerinnen als gewaltvoll, aggressiv und bevormundend aufnehmen oder es akzeptieren. Wenn der Lehrer bei der Schulleitung gut ankommen will oder in seinem Beruf frustriert ist, durchschauen es die Kinder sofort und werden noch mehr Unfug machen. Die Gewaltlosigkeit muss von innen heraus kommen.

Aus einem Diskurs oder der Auseinandersetzung mit anderen Menschen in einer Gesellschaft, in der Gewalt herrscht, können wir nicht tief in die Übung der Gewaltlosigkeit kommen. Eine bedingungslose Gewaltlosigkeit kann nur in Verbindung mit den anderen Yogagliedern geübt werden. Bei der Atmung sein, sich in seinem Körper wohlfühlen, fähig zur tiefen Reflexion sein, all das wird unterstützen, sie zu entfalten.

Das Sanskritwort *Satya* geht zurück auf die Wurzel *sat*, was »Realität« bedeutet. Es geht hier darum, wie wir die Realität in der Form, in der wir sie verstanden haben, wahrhaftig in Wort, Gedanke und Tat wiedergeben.

Solange man nicht wahrhaftig ist, kann man nicht wissen, was richtig ist für andere. Im *Yogasūtra* heißt es, dass, wenn man *Satya* praktiziere, die eigenen Taten erfolgreich sein werden. Fasten war zum Beispiel für Ghandi eine Selbstdisziplin, um zu prüfen, wie wahrhaftig er ist.

Mit anderen Worten kann man *Satya* so beschreiben: Wir sehen ein Bild, haben es klar vor Augen und drücken in Worten aus, was wir sehen. Das, was wir sehen, und das, was wir ausdrücken, passt dabei zusammen und ist stimmig. Wenn ich auf den Boden sehe und bin dabei in einem Schwimmbad, dann wäre es nicht wahrhaftig, nur zu sagen, das da ein Boden ist. Mein Geist sagt »Schwimmbad« und ich habe den Boden durch eine Wasserfläche gesehen. Dann ist es also Wahrhaftigkeit, wenn ich auch sage, dass da Wasser ist und dass ich den Boden durch das Wasser sehe. Wahrhaftigkeit bedeutet, genau das wiederzugeben, was wir wahrnehmen, und nicht etwas anderes.

Mit dem Aussprechen der Wahrheit können mehrere unterschwellige Probleme zusammenhängen:

1. Ich weiß, dass meine Wahrhaftigkeit verletzen wird, und ich sage es trotzdem.
2. Ich weiß, dass meine Wahrhaftigkeit verletzen wird, und gerade deshalb sage ich es.

Beides ist problematisch, Letzteres ist sogar sehr problematisch. Ebenso problematisch ist es, die Unwahrheit zu sagen oder die Wahrheit zu unterdrücken. Bei Unsicherheit über die Wahrheit ist es lediglich wahrhaftig zu sagen, dass man unsicher ist. Aber Menschen sind nur dann authentisch, wenn sie wahrhaftig sind.

Unwahrheit verrät sich im Ausdruck unseres Gesichts, durch die Stimme oder andere messbare Prozesse im Körper. Ein empfindsamer Mensch errät es, wenn wir ihn anlügen, oder wir selbst verraten es, weil wir uns dabei nicht wohlfühlen. Eine Lehrerin, die sagt, dass sie etwas nicht weiß, wirkt authentischer als einer, der seine Unkenntnis mit Worten verwischt. Auch ein Liebhaber, der sagt, dass er die ihm entgegengebrachte Liebe nicht erwidert, wird mittelfristig dem liebenden anderen ein Gefallen tun.

Die Unwahrheit zu sagen, um zu gefallen oder jemanden glücklich zu machen, ist auch problematisch. Es muss schon einen konkreten, wichtigen Grund haben, dass dies in einem gewissen Moment vielleicht notwendig sein kann, und man muss dazu stehen. Dann könnte es in gewissen Situationen zulässig sein, die Unwahrheit zu sagen. Wenn wir auf ein Kind aufpassen, das weint und nach der Mutter schreit, ist es in Ordnung, wenn man dem Kind sagt, dass die Mutter gleich kommen wird, auch wenn dies nicht stimmt. Aber das zu sagen und anschließend selber mit seinem Handy zu spielen, anstatt sich dem Kind zu widmen, ist nicht verantwortungsvoll. Wenn ich das Kind schon in dieser Weise belüge, dann muss ich dafür sorgen, dass ich es für die verbleibende Zeit beruhige und ihm meine Aufmerksamkeit schenke. Man muss für diese Unwahrheit einstehen.

Und schließlich ist es auch problematisch, die Wahrheit nicht zu sagen oder sie zu unterdrücken. Es kann sein, dass wir einem älteren, kranken Menschen eine problematische Diagnose des Arztes nicht sagen, um diese Person nicht zu erschrecken oder zu verängstigen. Doch wenn wir schon die Wahrheit unterdrücken, müssen wir auch die Konsequenzen tragen: Wir dürfen die Person nicht fallen lassen oder sie ignorieren, sondern sollten ihr Beistand leisten, sodass wir ihr zum richtigen Zeitpunkt die Wahrheit sagen können. Wer Wahrhaftigkeit praktiziert, dessen Worte werden wirkungsvoll und authentisch sein.

Das Wort spielt eine wichtige Rolle, denn Worte sind Mittel, um zur Wahrheit zu kommen. Eine Schriftstellerin erschreibt sich die Wahrheit, ein Forschergeist erdenkt sich die Wahrheit mithilfe von Symbolen, Formeln und Worten. Emotionale Ausbrüche können dazu dienen, der eigenen Wahrheit näher zu kommen. Auch hier braucht es Authentizität, dass wir näher an die Wahrheit kommen. Allein diese Authentizität kann garantieren, dass uns das Werk gelingt.

Auch die Stimme sagt viel über Wahrhaftigkeit aus. Wenn wir wütend, aggressiv, traurig oder ängstlich sind, ändert sich jeweils unsere Stimme. Die Stimme hört sich auch anders an, wenn sie etwas anderes spricht als das, was wir wissen oder sehen. Die Stimme ist extrem subtil. Wenn wir authentisch sind, dann sprechen wir mit einer Stimme, die für uns ganz normal und nicht aufgesetzt ist und bei der unsere emotionale Temperatur nicht gestiegen ist. Wenn wir aufwachen nach dem Schlaf oder aufstehen nach einer Zeit der Stille, wenn wir keine unmittelbaren Widerstände und Erwartungen haben, ruhig sind oder keinen Stress haben, ist unsere Stimme natürlich und stimmig. Mit unserer (wahren und natürlichen) Stimme machen wir niemandem etwas vor, weder uns noch jemand anderem. Es gibt viele Gründe, weshalb unsere Stimme nie genau die ist, die sie sein müsste. Ein Gefühl für die eigene Stimme in Ruhe und innerer Anbindung zu haben ist ganz wichtig. Es kann eine Hilfe sein, um zur Wahrheit zu kommen.

Die Unwahrheit bringt ein großes Problem mit sich: Was das Gegenüber, das wir anlügen, glauben soll, wird zuerst von uns selbst geglaubt. Somit beginnt die eigene Unwahrhaftigkeit, unsere Wahrnehmung zu verfälschen, und verschleiert uns allmählich in Illusionen. Das verhindert, dass unsere Taten und Absichten in Erfüllung gehen. Deshalb erwächst allein aus der Wahrhaftigkeit die Kraft, die uns unsere Handlungen zu Ende und zum Erfolg führen lässt, so wie es im *Yogasūtra* 2.36 steht:

सत्यप्रतिष्ठायां क्रियाफलाश्रयत्वम्

satyapratiṣṭhāyāṁ kriyāphalāśrayatvam

Bei den Menschen, die Satya [Wahrhaftigkeit] gemeistert haben, gehen die eigenen Aussagen und Handlungen stets in Erfüllung.

Der beste Segen, der uns zuteilwerden kann, ist der Segen eines Wahrhaftigen. Denn dieser sagt nur das, was von ihm authentisch als Möglichkeit wahrgenommen wird. Allein vor dem Fluch eines

Wahrhaftigen müssen wir uns fürchten, denn nur er kann die Störung heraufbeschwören, die er als eine Möglichkeit errät. Wir Menschen suchen aber sowohl den Segen, als auch ängstigen wir uns vor den bösen Worten anderer. Das passiert nur, weil wir Segnende oder Fluchende in eine Machtposition erheben. Wer sich in Gewaltlosigkeit übt und Mut entwickelt, muss weder das eine suchen noch das andere fürchten.

Es gibt tatsächlich eine Verbindung zwischen Unwahrheit und Gewalt. Wenn eine Ärztin, ein Berater, eine Psychotherapeutin oder ein Lehrer den Menschen, die zu ihnen kommen und die ihnen völlig vertrauen, eine Unwahrheit sagen, kann das gewaltvolle Wirkungen haben. Die Bemühung, gewaltlos zu handeln, ist wichtig, um bei der Wahrheit und der Wahrhaftigkeit zu bleiben.

ASTEYA

Das Stehlen bringt kurzfristige Gewinne, aber die Weigerung zu stehlen ist langfristig ein großer Gewinn. Wenn man *Asteya* praktiziert, kommen sämtliche Juwelen auf einen zu, sagt das *Yogasūtra* 2.37:

अस्तेयप्रतिष्ठायां सर्वरत्नोपस्थानम्

asteyapratiṣṭhāyāṁ sarvaratnopasthānam

Alle Kostbarkeiten werden dem zuteil, der in Asteya [im Nicht-Stehlen] verwurzelt ist.

Mit anderen Worten: Wenn du mir nichts wegnimmst, überträgt sich deine Haltung so sehr auf mich, dass ich sogar bereitwillig auf dich zukomme und dir etwas gebe.

Unter Menschen gelten heute meist die Regeln wie an einer Verkaufstheke, die den Geber vom Empfänger, der Liquidität vorweisen kann, trennen. In einem Kreis jedoch, in dem jeder und jede sich um den Nächsten kümmert, kommen aber definitiv alle dran! Es gilt, einen anderen Umgang zu finden in einer Welt, in der es vorrangig um Besitz geht. Diesbezüglich herrscht unter uns teilweise der Geist von Aasfressern. Ein frappierendes Beispiel dafür ist, wie sich Menschen überall auf der Welt streiten, wenn es um eine Erbschaft geht. Unser Selbst ist unser kostbarster Besitz. Den können wir selber jedoch am schlechtesten sehen. Wer selbstbezogen ist, verliert die Liebe der anderen, wer sich aber in einer Situation selbstlos zeigt, wird mit offenen Armen empfangen. Wie schnell sind wir Menschen fähig, den Anstand zu vergessen, wenn wir über die Aufteilung des Besitzes von Verstorbenen streiten! Der Edelmut hingegen würde uns dazu anleiten, sogar die Dinge nicht zu nehmen, welche uns rechtmäßig zustehen, wenn wir sie nicht brauchen oder weil ein anderer sie als sein Eigentum ansieht.

Gerade als Yogalehrende sollte man sich da anders sensibilisieren und etwas lockerer sein. Für sich selbst intensiv zu üben ist eine Investition. Da nehmen wir niemandem etwas weg, vielmehr fördert es unser Selbstbewusstsein, lässt uns authentisch wirken in den Augen der anderen und gibt uns Bodenhaftung, sodass andere an uns glauben.

Wenn wir von anderen absolut nichts nehmen, was uns nicht wirklich zusteht, sei es eine Idee, Besitz, ein Gegenstand oder Geld, wecken wir in anderen die Bereitschaft, ihr Gut mit uns zu teilen. Gerade für Menschen, die nicht in kommerziell ausgerichteten Berufen tätig sind, ist es wichtig, diese Tugend zu entwickeln, denn sie ist eine große Investition, die uns das Vertrauen der anderen beschert.

Wer von einem anderen etwas nimmt, was ihm eigentlich gar nicht zusteht, lebt in Angst. Wenn wir hingegen vollkommen offen sind, haben wir eine selbstverständliche und lockere Beziehung sowohl zu geistigem als auch zu materiellem Gut. Es geht hier nicht um jemanden, der gar nichts zu essen hat und sich etwas nimmt, was ihm rechtlich nicht gehört. Die meisten von uns müssen nichts klauen, um zu überleben, und es ist insofern nichts Besonderes, gesagt zu bekommen, wir sollen nicht stehlen. Aber man kann wohlhabend sein und dennoch ständig zum Beispiel das Gefühl haben, dass einem etwas genommen wird oder dass jemand anderes mehr bekommt als wir selbst. Von der Paranoia, in welcher wir Menschen allgemeinhin leben und die uns zum Beispiel dazu bringt, alles einzuschließen und abzusperren, müssen wir wegkommen. In einem weitgefassten Sinne könnte man auch sagen, dass wir alle in gewisser Weise stehlen, weshalb wir uns selbst auch so vor dem Diebstahl fürchten.

Es ist notwendig, eine gesunde Einstellung zur Erde und zu all den schönen materiellen Dingen zu kultivieren. Dazu gehört, dass wir uns darüber freuen, wenn sie in guten Händen sind und gepflegt bleiben, etwa so wie die schönen Objekte in einem Museum, die wir auch nicht als Eigenbesitz betrachten. Zudem ist es fast wie ein ungeschriebenes Gesetz, dass es umso wahrscheinlicher ist, dass wir bestohlen werden, je mehr wir davor Angst haben. Je mehr wir unseren Besitz auf ungerechte Weise anhäufen, desto mehr werden wir Angst haben, dass dieser Besitz uns gestohlen wird. Denn der Dieb hat viel mehr Angst um seine Beute als der gerechte Besitzer. Es ist eine traurige Geschichte der Menschheit, dass wir eine Welt mit solchen Zäunen, Grenzen und Mauern auf dieser Erde gestaltet haben.

Die Wahrheit in Bezug auf die Wirtschaft heute ist, dass wir alle auf Kosten anderer Menschen leben und dabei leider weit entfernt von einer ausgeglichenen Verteilung sind. In der heutigen digitalen und globalisierten Welt sind viele Grenzen gefallen. Das geistige Eigentum ist wirtschaftlich ebenso wertvoll wie das materielle geworden. Wenn wir nicht beginnen, umzudenken in Bezug darauf, was Privatbesitz ist, werden wir fast alle zu Stehlenden, während viele andere zu Bestohlenen werden. Wenn wir die Ehrenhaftigkeit besitzen, um sagen zu können: »Das ist nicht meins«, während wir etwas genießen, was uns letztlich nicht wirklich gehört, machen wir nichts Falsches.

BRAHMACARYA

Das Wort *Brahmacarya* lässt sich nicht eindeutig übersetzen. Es hat drei wichtige Bedeutungen: Der *Brahmacāri* oder die *Brahmacārinī* ist

a) ein Schüler oder eine Schülerin; jemand, der oder die das Lernen oder Studieren zur Hauptbeschäftigung gemacht hat bzw. in einer Phase im Leben ist, in der das Lernen Priorität hat;

b) ein sexuell enthaltsamer Mensch, ähnlich den Asketen, Nonnen oder Mönchen;
c) ein Mensch, der im Bewusstsein des *Brahma*, der kosmischen Ordnung, lebt.

Wo liegt die gemeinsame Linie bei diesen drei Bedeutungen? Unsere Hauptbeziehung und Anziehung im Leben gilt der großen Ordnung, von der wir ein Teil sind. Jede Anziehung und jede Beziehung, die ein Bewusstsein für diese Ordnung bejaht, respektiert und ehrt alles, was zu dieser Ordnung gehört. Wahrhaftige *Brahmacarya* ist das Leben in diesem Bewusstsein, sodass wir die Würde eines jeden Teils der Schöpfung als unantastbar ansehen. Das kann uns für die Magie des Lernens über den Kosmos, in dem wir leben, begeistern und uns heraushelfen aus der seltsamen Verknüpfung von Gewalt und Sexualität in unserem Seelenleben.

Brahmacarya heißt, in jedem Wesen ein erhabenes Geschöpf zu sehen, in jedem Wesen, mit dem wir zu tun haben, eine einzigartige Seele wiederzufinden. Diese Haltung wird uns unterstützen, dem Gegenüber mit weniger Aggression und Gier zu begegnen. Ein ausgeglichenes Verhältnis zu Sexualität kann darin unterstützen, Gewalt von Mitempfinden, Vertrauen von Betrug und Gier von Fairness zu unterscheiden.

Menschen wenden sich einander in diversen Formen zu. Die sexuelle Anziehung ist unter diesen Formen eine der intensivsten, aber sie steht nicht alleine. In welcher Art und Weise auch immer Menschen zusammenkommen mögen, Begegnungen und Beziehungen sind für uns unerlässlich. Diese bereichern das Leben und vermitteln Glück. Grundlage für glückliche Beziehungen sind auf jeden Fall auch das Mitempfinden, die Fairness und der Respekt. Beziehungen, die solche wichtigen Grundlagen ignorieren, werden Energie schlucken, anstatt Energie zu spenden. Das gilt für sexuelle Beziehungen, aber auch für die Beziehungen zwischen Menschen auf anderen Ebenen. Ohne Zweifel wirkt die sexuelle Beziehung aber auf die stärkste Weise.

Nehmen wir zum Beispiel die große Verwirrung, die in Bezug auf das Verhältnis zwischen Gewalt und Sex herrscht. Die Darstellung und auch das Erleben von Sexualität werden heutzutage häufig mit Gewalt in Verbindung gesetzt. Man findet außerhalb der Poesie kaum Bereiche, wo diese nicht geradezu selbstverständlich zusammengebracht werden: in Romanen, Filmen, Unterhaltungskunst und vor allem im wirklichen Leben. Es ist eine üble Verquickung, an der vor allem Frauen, aber auch Kinder und Männer leiden. Gewalt aber verdrängt den Platz für Respekt gegenüber der anderen oder dem anderen.

Die Frage, wie wir zu einem gesunden Verhältnis zur Sexualität kommen, ist wichtig. Dazu können wir uns zunächst zwei andere Lebensbereiche ansehen: Wie zähmen wir das Bedürfnis nach Klatsch und danach, zu viel zu reden? Und wie steht es mit der Gier nach Essen? Die Antworten auf diese beiden Fragen sind wichtig, denn sie gelten auch für die Sexualität. Der Ausgangspunkt für eine gute Antwort ist auf keinen Fall die Moral, sondern der gesunde Instinkt und das Lauschen darauf, was dieser uns zu sagen hat: Gier, Gewalt und Betrug sind in allen Zusammenhängen problematisch.

Reden, Essen und sexueller Genuss gehören zu den drei einflussreichsten Aktivitäten unseres Lebenstriebes. Sie nähren unseren Körper und unseren Geist, können diese aber auch zerstören. Sie können exzessiv, gewaltvoll und unpassend sein, aber auch angemessen, respektvoll und förderlich. Sie können uns Energie rauben und erschöpft zurücklassen, wenn wir die Regel missachten, oder uns physisch, emotional und mental stärken und zu unserer Vitalität beitragen, wenn sie stimmig sind. Alle drei gehören zu unseren Grundbedürfnissen. Sie erfüllen nicht allein das Ziel der Fortpflanzung, des Nährens und der Kommunikation. Das zu glauben ist ein gewaltiger Irrtum, der den Menschen wie eine Maschine betrachtet. Denn sie erfüllen viel größere Bedürfnisse, die unserer Menschlichkeit entsprechen. Das Wort ist auch der Brunnen der Kreativität, Nahrung ist auch das unmittelbarste Zusammenspiel mit der Natur und der sexuelle Genuss auch das Sinnbild der Transzendenz.

Wer in diesem Sinn Beziehungen betrachtet und zu gestalten versucht, wer auf diese Weise die sexuelle Anziehung lebt, ist wahrlich in *Brahmacarya*. Warum aber sollte es uns Energie geben, so wie es das *Yogasūtra* 2.38 sagt?

ब्रह्मचर्यप्रतिष्ठायां वीर्यलाभः

brahmacaryapratiṣṭhāyāṁ vīryalābhaḥ

Derjenige, der im Bewusstsein des Brahma [der Allseele] handelt, gewinnt große Energie.

Wenn wir uns für eine Weile unterhalten oder sogar streiten mit einem anderen Menschen, kann es auf uns vitalisierend wirken, wenn gegenseitig das Gefühl herrscht, dass das Gegenüber ein würdevoller und ehrenhafter Mensch ist und wir seine Würde nicht nur nicht antasten, sondern ihm Ehre und Respekt zollen. Eine sexuelle Begegnung ist viel intimer, sie wirkt viel intensiver auf unseren Energiepegel. Da, wo solche Bedingungen des Respekts und der Würde fehlen, kann ein Gespräch mit einem anderen Menschen auslaugend auf uns wirken und ein fortgesetzter sexueller Austausch uns die Vitalität rauben.

Und auch wenn diese Bedingungen gegeben sind, ist es nicht so, als ob jeder Mensch bei einer sexuellen Begegnung jedes Mal in eine solche Transzendenzerfahrung kommen wird oder kann, aber dennoch ist dieses Gefühl, wozu Sex im guten Sinne eigentlich da ist, notwendig. Ansonsten ist Sex nur ein Loswerden unserer inneren Aggression.

Weshalb wird das Wort *Brahmacarya* überhaupt als Begriff im Zusammenhang mit Sexualität verwendet? Die Sexualität verrät, wo unsere Schwächen und unsere menschenverachtenden Haltungen liegen. Wenn wir mit ihr besser umzugehen versuchen, lernen wir Wesentliches über das Thema Genuss. Man kann mit allen Sinnen Genuss erfahren und dank ihm zu einer großen Erkenntnis kommen, bei dem wir in allem die göttliche Resonanz hören und wahrnehmen.

APARIGRAHA

Das soziale Umfeld, in dem man lebt, kann man nicht ignorieren, denn Ruhe kann man nur in einer Umgebung finden, die dieses auch zulässt. Wir wollen sicherlich keine Gefangenen unseres Umfeldes werden. Anspruchslos zu sein, genauer gesagt, entsagen und verzichten zu können, ist die letzte der fünf Regeln, die das Zusammenleben in der Welt erfordert. Menschen, die mit mehreren Geschwistern aufgewachsen sind, kennen den Schmerz, auf etwas verzichten zu müssen. Genau in dem Moment, in dem man zugunsten seiner Schwester oder seines Bruders auf etwas verzichtet, erlebt man das Gefühl der Zusammengehörigkeit und der Empathie. Jeder kann nehmen, was er kann. Aber wer kann verzichten auf das, was er nehmen darf? Nicht zu nehmen, was man kann, sondern ohne ein heroisches Mangelgefühl darauf zu verzichten, es zu nehmen – das ist *Aparigraha*.

Wie sollen wir diese Eigenschaft als eine Tugend sehen in einer Welt, in der das Konsumieren von Dingen die Staatssysteme lebendig hält und das Ansammeln von Reichtum von größter Bedeutung ist? Nehmen wir hier den heute möglicherweise abwegig klingenden Gedanken aus der Bibel, dass eher ein Kamel durch ein Nadelöhr geht, als dass ein Reicher in den Himmel kommt. Ist dies ein pathetischer Ausdruck der Selbstbemitleidung von jemandem, der zu kurz gekommen ist?

Die Armut ist definitiv keine Art von Mut, aber die Entbehrung, die man in Situationen des Mangels oder der Not zu erleben gezwungen wird, schon. Schlichtheit, Kargheit und Freiheit von Zwängen des Besitzens sind ehrbare, erstrebenswerte Tugenden. Für uns Menschen, die in einer reinen Konsumgesellschaft leben, kann dies bedeuten, dass wir den Lebensfaden verlieren, wenn wir uns zu sehr mit der Welt der Materie und mit unserem Besitztum identifizieren und uns davon blenden lassen. Wir wissen dann nicht mehr, was wir eigentlich wollen und woher wir eigentlich kommen. Dazu sagt das *Yogasūtra* 2.39 treffend:

अपरिग्रहस्थैर्ये जन्मकथंतासंबोधः

aparigrahasthairye janmakathaṁtāsaṁbodhaḥ

Wer stabil in der Umsetzung von Aparigraha [Anspruchslosigkeit] ist, erfährt alles über seine Vergangenheit und seine vergangenen Leben.

Im Umkehrschluss würde das bedeuten, dass wir verwirrt werden bezüglich dessen, was wir wirklich brauchen, wenn wir es nicht beherrschen, »Nein, danke« zu sagen, und uns in gewisser Weise daran gewöhnen, uns zu bedienen.

Woher bin ich gekommen? Was sind meine wirklich tiefen Interessen? Und wo will ich einmal angekommen sein? Das sind Fragen, die lebensbewegend sind. Wer der Fülle frönt, lenkt sein Interesse auf das Aneignen von Besitz und lässt es zu, dass das zu einem der Hauptanliegen des eigenen Lebens wird. Wer sich mit Besitz umgibt, verschleiert die eigenen tiefergehenden Interessen. Wollen wir uns in den letzten Jahren unseres Lebens mit der Verteilung unseres Reichtums beschäftigen oder mit der Verwirklichung persönlicher Leidenschaften? Wollen wir noch beim letzten Atemzug im Leben daran denken, was wir besitzen und was wir noch nicht besitzen? Oder wollen wir den Raum, den der Besitz besetzt, für Muße, Reflexion und Stille nutzen?

Hier eine kurze Geschichte, um diesen Punkt besser zu verstehen. Als ein Yogaschüler mit dem Üben begann, war er ergriffen von der Idee der inneren Freiheit und in die Stille vertieft. Es kamen bald viele Menschen zu ihm, um von ihm zu lernen. Er teilte sein Wissen mit ihnen, sie bauten ihm ein Haus, einen Ashram, einen Palast. Er wurde gefeiert und musste viel Zeit damit verbringen, sein Imperium zu beschützen. Er hatte keine Zeit mehr zu fragen, was Yoga ist, keine Muße mehr für seine Übung und keine Ruhe mehr für sein Studium. Das ist es, wohin das Treiben im Leben uns führen kann. Daher gilt es, sehr achtzugeben, damit wir die Quelle, aus der wir gekommen sind, nicht vergessen.

Wir brennen für Yoga und praktizieren entsprechend. Vielleicht machen wir Yoga sogar zu unserem Beruf und sind glücklich darüber, dass wir mehr Zeit rund um das Thema Yoga zur Verfügung haben und wir dies auch mit anderen Menschen teilen können. Irgendwann halten wir dann Kurse, mieten Räume, besitzen Kissen, Decken, Matten usw. Das alles frisst langsam unser grundsätzliches Interesse daran auf, weshalb wir überhaupt damit angefangen haben. All diese Dinge lassen uns vergessen, was wir eigentlich wollten. Es kann passieren, dass wir unser Leben völlig zuschütten mit Gegenständen. Aber erst durch Reduzierung und Minimalisierung können wir die Schlichtheit erlernen, die notwendig ist, wenn es um den ernsthaften Mangel geht, den uns Entbehrungen abverlangen. Nur dann sind wir bereit für eine Welt, in der die Verteilung fairer und die eigene und die soziale Gesundung vorangebracht werden kann.

Genuss anzustreben und zu erleben ist wichtig. Der Genuss vergegenwärtigt den Geist, ist eine Begleiterscheinung von Stille und Frieden. Das Verzichten ist keine Genussfeindlichkeit, im Gegenteil. Jede Mutter, die ihre Kinder ermahnt, z.B. nicht die ganze Schokolade heute schon aufzuessen, und jedes Kind, das auf seine Mutter hört, weiß, dass das Verzichten heute den Genuss morgen erhöht. Der Verzicht kann unsere Empfindung von Genuss intensivieren. Beide, Genuss und Verzicht, haben ihren Platz im Leben. Der Genuss hat keine authentische Substanz, wenn er nicht auf der Kenntnis der Entbehrung fußt.

Ohne die Idee eines solchen Verzichts ist auch Gemeinschaft als stabiles Modell nicht möglich. Weder die Technologie noch die Wissenschaft können uns Wege bieten, die das Prinzip Verzicht völlig umgehen helfen. Aus der heutigen Weltsituation heraus gesehen ist es fast eine Plattitüde, aber ohne dass wir zu verzichten lernen, kann es keine Zukunft geben – weder für die Erde noch für ein paar bevorzugte Länder, noch nicht einmal für Einzelne. Das Verzichten ist eine Tugend, die für sich steht, und damit ist nicht das Verzichten auf dies oder jenes allein gemeint. Es ist vielmehr eine innere Haltung, die uns zeigt, was von dem, das vor uns liegt, essenziell ist. Es öffnet unsere Augen für die richtigen Prioritäten. Auf Fleisch zu verzichten ist angesichts der Qual, der Tiere ausgesetzt werden, tugendhaft. Aber für die Erde und letztlich auch für die eigene Gesundheit ist es besser, wenn wir insgesamt nur so viel essen, wie wir brauchen, und auf den Rest verzichten – egal ob es Fleisch oder fleischlose Nahrung ist.

Hingegen herrscht aber heute ein fast esoterisch anmutender Irrglaube vor, dass die Wissenschaft und die Technologie die Probleme, die wir mit der Natur kreiert haben und weiterhin kreieren, lösen werden, ohne dass wir anfangen müssten zu verzichten.

Die Fähigkeit zu verzichten braucht, wie auch die Fähigkeit zur Gewaltlosigkeit oder Wahrhaftigkeit, Zeit zu wachsen. Das Umfeld muss förderlich sein, ist aber oft eher das Hindernis, wenn wir diese Fähigkeiten entwickeln wollen. Mit den fünf Regeln ist es aber so wie mit der Liebe oder dem Lachen, sie stecken an. Je mehr wir sie umzusetzen versuchen, desto mehr werden sie auch eine ansteckende Wirkung auf das Umfeld haben. Es handelt sich hier nicht um Verbote. Denn unser Handeln soll hier nicht eingeschränkt werden wegen anderer oder wegen des Umfelds, sondern um den eigenen inneren Frieden zu finden. Insofern packt es uns an einer anderen Stelle, als Religion dies mit ihren Geboten tut. Es geht nicht primär um die Konsequenzen, die unsere Handlungen auf andere haben können, sondern um die Wirkung, die sie auf uns selber haben wird. Bei den fünf Regeln der *Yamas* geht es darum, dass wir unfrei werden, wenn wir sie nicht beachten. Wenn wir Reichtümer anhäufen, dann liegt das Problem nicht nur darin, dass andere dadurch arm werden, sondern eher daran, dass wir durch diese Anhäufung vergessen, was wir eigentlich im Leben wollten. Durch das Lügen verzerren wir die eigene Wahrnehmung und dadurch die Wirkung unserer Worte. Durch Gewalt verlieren wir den eigenen inneren und äußeren Frieden. Das Schöne daran, wenn wir zu verzichten lernen, ist, dass es allen Lebewesen zugutekommt. Wenn wir andere Menschen ehrwürdig behandeln, wird unsere Umgebung angstfreier. Sind wir wahrhaftig, wird die Welt berechenbarer, und wenn wir gewaltlos werden, wird auch unsere Umgebung friedfertiger. Insofern sind unsere Vorsätze sozial und politisch sehr relevant. Die fünf *Yamas* bilden deshalb nicht nur eine feste Grundlage für unsere Persönlichkeit, sie können auch aus der Welt eine bessere machen.

2. *Niyama*

VON GEHORSAM, DISZIPLIN UND VERZICHT

Disziplin und Gehorsam sind nicht das Gleiche. Hier besteht oft eine Verwechslung. Gehorsam, also die Unterordnung unter den Willen eines anderen, ist eine Art Trägheit, die von autoritären Menschen ausgenutzt werden kann. Es ist deshalb leichter, gehorsam zu sein als diszipliniert. Wir können beim Gehorsam die Grundträgheit in uns ungestört lassen. Wenn wir zum Beispiel einer Gruppe angehören, die sagt, Jogging sei gut, und wir insbesondere deshalb angetrieben sind zu joggen, werden wir beim disziplinierten Joggen bald frustriert werden. Eine sinnvolle Disziplin lässt sich nicht von Gehorsam leiten. Die Disziplin kann nur dann von der Tendenz zu Gehorsam abgetrennt werden, wenn sie uns eine persönliche Läuterung oder ein konsequentes persönliches Verzichten abverlangt. Sie muss auch immer eine Selbstdisziplinierung sein.

Mahatma Gandhi, der indische Friedenskämpfer, hatte eine seltsame Praktik. Er fastete sofort, wenn Probleme in der Gesellschaft auftauchten. Was hat das für einen Sinn? Nehmen wir an, ein Elternpaar ist besorgt um sein erkranktes Kind. Es ist für uns wohl kaum nachvollziehbar, dass sich die Eltern vornehmen, in dieser Zeit keine Schokolade zu essen, nicht fernzuschauen oder sich nicht mit Sex zu vergnügen. Das ist wissenschaftlich unsinnig, denn das kann definitiv nicht zur Heilung des Kindes beitragen. Mag sein, dass dieses Verhalten an einen Aberglauben grenzt, aber es ist bei Eltern, die um ihr Kind besorgt sind, durchaus denkbar, dass sie sich so verhalten. Denn hier spielt ein Mechanismus eine Rolle, der die Energie der Eltern bündelt und ihren Hauptwunsch deutlich hörbar werden lasst – für sie selbst und für alle um sie herum. Ihre symbolhafte Selbstdisziplinierung durch den Verzicht lässt, bildlich gesprochen, die »Götter« aufhorchen. Die Eltern halten sich dadurch selber in einem Zustand der Wachheit. Hier wird klar: Die Willenskraft und die Wunschkraft würden sich lahm anfühlen ohne den Verzicht. Solch ein Verzicht hilft, einen für uns wichtigen Prozess auf mentaler Ebene stetig zu begleiten, bis es zu einem Ende kommt. Deshalb ist dies beim Thema *Niyama* wichtig.

Die fünf *Niyama*-Regeln sprechen eine Disziplin an, die nur mit uns selbst zu tun hat und unabhängig ist von unserem Umfeld. Diese Regeln helfen, dass unser Alltag Struktur bekommt, und geben eine Ausrichtung für die Wahl dessen, was wir tun oder lassen möchten. Somit wirken sie positiv gegen seelische oder körperliche Labilität und stärken unser Selbstbild – und das ist für die Entwicklung im Yoga unerlässlich.

ŚAUCAM

Was Wahrheit für die Sprache ist, ist die Reinhaltung für den Körper und den Geist.

Körperpflege

Unansehnlich, unreinlich oder gar verdreckt zu sein ist unangenehm. Es widerspricht jedem Instinkt für die eigene Gesundheit und das Wohlempfinden in der eigenen Haut. Zudem fühlt man sich verlegen, sogar befangen, und ist auf das eigene Bild und dessen Wirkung auf andere fixiert, sodass die Unsicherheit wachsen und das gesunde Selbstbild schwinden kann. Deshalb lässt sich sagen, dass Reinheit eine sehr wichtige Regel des Alltags ist. Das Sanskritwort *Śaucam* bedeutet »Reinheit«. Wenn man dieses erste *Niyama* praktiziert, reihen sich die anderen vier dahinter leichter ein.

Sich zu reinigen ist unerlässlich für den Erhalt der Gesundheit und auch für das Überwinden von Befangenheit. Als Bewohner unseres Körpers oder als Verfügende über den Leib als unser Instrument ist es für uns wichtig, Reinheit zu pflegen. Haben wir uns auf rechte Weise gereinigt, dann kann unser Instrument laufen »wie geölt«, ohne dass wir uns zu sehr mit ihm beschäftigen müssen; wir können dann von ihm loslassen und es kann uns egal sein, ob wir leicht, stark, schön oder gelassen wirken müssen oder wollen.

Jemand, der Gerechtigkeit wahrt, fürchtet sich nicht vor dem Gebaren eines angriffsbereiten Gegenübers. In ähnlicher Weise ist es so, dass jemand, der Reinheit wahrt, nicht die Ansteckung durch die Unreinheit im Gegenüber fürchten muss. So beschützt uns die Reinheit nicht nur vor den Folgen der Trägheit und vor Verunreinigungen im eigenen Körper, sondern auch vor den negativen Folgen physischer Nähe zu anderen.

Das sind Ergebnisse einer angemessenen und passenden Körperpflege. Diese stehen aber in starkem Kontrast zu einer übertriebenen Selbstpflege, die im Extremfall dazu führt, dass wir entweder paranoid oder narzisstisch werden.

Doch im Alltag möchte man, dass andere einen sehen, dass man bemerkt und anerkannt wird. Man macht sich Gedanken darüber, wie die eigene Ausstrahlung ist. Sich zu reinigen ist die Grundlage für die Entwicklung von Schönheit, nicht von Selbstverliebtheit. Wenn wir uns weniger mit uns selbst identifizieren oder wir weniger von Meinungen und Blicken anderer abhängig sind, ändert sich unser Erscheinungsbild zu unseren Gunsten. Frei von sich selber zu sein und einen gewissen Abstand vom eigenen Körper zu haben lässt einen Menschen anmutig, selbstsicher und schön wirken. Man wird eher auf eine neutrale und angenehme Weise wahrgenommen, wenn man in seinem Körper zu Hause ist, als wenn man über ihn nachdenkt.

Waschen hilft, um den äußeren Schmutz vom Körper zu entfernen. Eine subtilere Form der Körperreinigung wird durch Ernährung bewirkt, die zugleich auch eine Quelle für Verunreinigung sein kann. Das Wichtigste, was wir hierbei bedenken müssen, ist, die Menge und den Inhalt der Speisen so anzupassen, dass der Körper die Schlacken optimal ausscheiden kann. Wer sich tiefgehender damit beschäftigen möchte, dem rate ich, etwas über die Ernährungsweise nach ayurvedischen Prinzipien zu erlernen.

Āsana

Körperübungen sind ein wichtiges Instrument, um auf andere Art und Weise die Schlacken aus dem Körper zu entfernen. Die zahllosen *Āsanas*, die an diverse Stellen des Körpers herankommen, stellen die von außen kommende, körperbetonte Methode des Yoga dar, um Reinigung zu bewirken. Verbunden mit einer tiefen Atmung sorgen sie für die Ausgeglichenheit des Körperwindes und die Anfachung des Körperfeuers.

Rituale

Rituale sind wichtige Mittel für die Reinigung im Sinne von *Śaucam*. Im Yoga bedeutet Ritual eine Handlung, für die man sich Zeit nimmt, um sie bewusst auszuführen, und die nicht an Eigennutz und Erwartungen geknüpft wird. Sie können den Geist von sorgenreichen Gedanken um Erfolg und Misserfolg befreien und somit eine mentale Reinigung ermöglichen. Ein bewusstes Feiern des Geburtstags oder von Weihnachten kann durchaus (wieder) ein Ritual in diesem Sinne werden. Rituale können dem Alltag Struktur und dem Leben Inhalt geben. Rituale zu belächeln mag in Ordnung sein für Menschen, die beides haben – Struktur und Inhalt –, aber wenn wir nicht in bester Verfassung sind oder schlechte Zeiten erleben, werden sie bedeutsam. Deshalb ist die Pflege von Ritualen eine ratsame Regel. Rituelle Handlungen müssen nicht aus einer Tradition kommen, wir können auch eigene finden. Aber wir müssen ihnen ohne Zweifel zugewandt sein. Dann können sie uns darin unterstützen, dass wir besinnlich werden und mehr Abstand vom eigenen Ego und von Ich-Gedanken bekommen.

Yogasūtra 2.40 und 2.41 fassen die Wirkung von *Śaucam* zusammen:

शौचात् स्वाङ्गजुगुप्सा परैरसंसर्गः

śaucāt svāṅgajugupsā parairasaṁsargaḥ

Reinigung führt im Verhältnis zum eigenen Körper zu einem Abstand und zur Unberührtheit von anderen Menschen und äußeren Dingen.

सत्त्वशुद्धिसौमनस्यैकाग्र्येन्द्रियजयात्मदर्शनयोग्यत्वानि च

sattvaśuddhisaumanasyaikāgryendriyajayātmadarśanayogyatvāni ca

Auch die Klärung des Geistes und die Fähigkeit zum positiven Denken, zur Ausgerichtetheit, zur Kontrolle über die Sinne und zur Wahrnehmung des Inneren gehen aus der Reinigung hervor.

Wer sich schmutzig fühlt, mag nicht von anderen gesehen werden und auch sich selbst nicht gern im Spiegel ansehen. Erst das Reinigen baut diese Hemmungen ab, sodass man sich selbst betrachten kann. Das ist unerlässlich für die gesunde Entwicklung der Seele und eines Ich-Gefühls.

SANTOṢA

Wenn ein Reicher und ein Armer zufrieden sind, ist es das gleiche Gefühl von Zufriedenheit, ohne Unterschied. Wenn der Arme reicher wird, heißt das nicht unbedingt, dass er zufriedener wird. Bei *Santoṣa* handelt es sich um eine Disziplin, die uns zur Zufriedenheit verpflichtet. Wenn wir so ausgehungert sind, dass wir gerne viel Brot essen würden, kann uns schon eine dicke Scheibe Brot, die wir ergattert haben, zu einem Gefühl von Sattheit und Zufriedenheit führen.

Eine solche Empfindung von Sattheit ist keine asketische Haltung und auch keine resignierte Genügsamkeit. Sie ist freudvoll, denn sie ist mit Genuss verbunden. Wer eine Gegebenheit mit allen Sinnen aufnimmt und genießt – sei es eine üppig gedeckte Tafel oder eine einzige Frucht in der Hand – kann in die Sättigung kommen. Dieses Sättigungsgefühl ist *Santoṣa*. Es ist ein kostbares Gefühl, das mit Dankbarkeit verbunden ist, und bringt uns ein Glücksgefühl, bei dem kein Verlangen nach einer Steigerung des Glücks vorkommt.

Diese Fähigkeit oder Disziplin kommt uns deshalb abhanden, weil wir die Zufriedenheit vom Volumen eines äußeren Gegenstandes abhängig machen und nicht von der Intensität, mit der wir diesen Gegenstand genießen. Das Mangelgefühl kommt nicht immer aus einem konkreten Fehlen von etwas, was wir brauchen. Es zeigt oft nur die eigene mangelhafte Genussfähigkeit. Wer sich schult, sich nur dann zufrieden zu geben, wenn alle Erwartungen und Forderungen erfüllt werden, läuft Gefahr, sein Glück zu verspielen. Glück ist etwas, was einem beschert wird, man kann es nicht kaufen oder erzwingen. In der deutschen Sprache wird das sehr deutlich, denn da bedeutet dieses eine Wort – Glück – sowohl das, was im Englischen *luck* (im Sinne von Glücksfall) als auch *happiness* (im Sinne des Glücksgefühls) ist. Zufrieden zu sein heißt, dass wir wissend, was passieren kann, in einer wartenden Haltung verweilen können. Allein schon durch die Disziplin, die uns zum Zufriedensein verpflichtet, können wir Glück erleben. Das kennt sogar jeder Unterhaltungskünstler, der berühmt ist und Glück bescheren will – er erscheint eher spät zur Vorstellung und lässt das Publikum noch etwas in Vorfreude warten!

Im *Yogasūtra* 2.42 heißt es dazu:

संतोषादनुत्तमस्सुखलाभः

santoṣādanuttamassukhalābhaḥ

Aus Zufriedenheit geht unvergleichliches Glück hervor.

TAPAS

Tapas ist ein starkes Wort als Inbegriff dessen, was man unter indischer Spiritualität versteht. Es geht zurück auf die Wortwurzel *tap*, »dürsten« oder »brennen«. Die frühen Mystikerinnen und Mystiker im Christentum brannten vor Gottesliebe, Dichter und Dichterinnen überall auf der Welt brennen für die Poesie und Asketen dafür, ihr Sein zu entschlüsseln. Ihre Leidenschaft ließ sie den einen großen Durst erdulden, nämlich den für ihr Thema. Dafür waren sie stets bereit, auf alles Ablenkende und Nicht-Förderliche zu verzichten, um zu einer Läuterung zu kommen. Das ist *Tapas*, ein frühes Synonym für Yoga. Die Wörter *Yoga* und *Tapas* lassen deshalb sofort das Bild von Asketen und Weisen entstehen, die etwa verborgen unter Ameisenhaufen, die sich um ihren Körper gebildet hatten, ihre Meditation ununterbrochen fortsetzten.

Jeder und jede weiß, wie auszehrend eine leidenschaftliche Beschäftigung werden kann und dass physische Anstrengung Durst und

Hunger auslösen. Aber wir wissen auch, wie sehr die damit einhergehende Reduzierung der Bedürfnisse eng mit der Idee der Entgiftung, Detox, zusammenhängt. Erst dank der dabei notwendigen Entbehrung verbrennt der Körper, und mit ihm auch der Geist, die Schlacken im System besser. Das gibt auch das *Yogasūtra* 2.43 wieder, wenn es sagt:

कायेन्द्रियसिद्धिरशुद्धिक्षयात् तपसः

kāyendriyasiddhiraśuddhikṣayāt tapasaḥ

Durch Selbstdisziplin und das Reduzieren von Unreinheiten entfalten sich der Körper und die Sinne zu ihrer Vollkommenheit.

Bandhas

Menschen, die intensive Yogaübungen kennen, beherrschen Techniken wie die *Bandhas*, bei denen die Bewegungsmöglichkeiten des Atems physisch festgehalten werden. Man bleibt gelassen und ruhig, während man die Bewegung der Luft im Körper, auch die Aus- oder die Einatmung, für kurze Zeit bewusst aufzugeben versucht. Man widersteht der Tendenz des Körpers, träge zu werden, wenn man diese *Bandhas* übt. Auf diese Weise wird das Verbrennungsbedürfnis des Systems gesteigert, sodass eine Läuterung stattfinden kann.

Das bewusste Aufgeben oder die bewusste Bedürfnisbegrenzung wirkt hier wie ein Destillationsprozess, der uns zu unserer Lebensessenz führt.

Es ist sehr leicht, all das zu nehmen, was man haben kann, aber es ist um einiges schwerer, gleichmütig zu bleiben und nichts zu nehmen, wenn man sich bedienen könnte. Trotzdem ist Letzteres ein hilfreicher innerer Prozess. Ein solches Verhalten ist kein Armutsgelübde, sondern wirkt wie eine Übung, die in uns die Fähigkeit trainiert, die Schlacken zu verringern und unsere essenziellen Bedürfnisse zum Vorschein zu bringen.

Das ist ähnlich dem, was geschieht, wenn wir die Atembewegung für eine kurze Zeit anhalten, um das Bedürfnis des Atmens besser zu durchdringen.

Das Verhältnis von Tapas und Santoṣa

Einige mögen sich nun fragen, ob das Konzept von *Tapas* nicht konträr ist zu dem des *Santoṣa?*

Santoṣa, der Genuss von Zufriedenheit, ist zwar nicht das Gleiche wie *Tapas*, die Leidenschaft für eine Sache, die es erleichtert, etwas aufzugeben, was einen angeblichen Genuss bereitet. Dennoch widersprechen sich die zwei *Niyama*-Übungen, *Tapas* und *Santoṣa,* auch nicht, sondern ergänzen sich. Das Ergebnis einer gesunden Leidenschaft kann niemals Unglück und Unzufriedenheit sein. Ein Prozess der Läuterung, der Entbehrungen abverlangt, muss im Gefühl der Genügsamkeit eingebettet sein. Wenn wir etwa fasten und dabei den Verzicht auf Essen als eine Pein erleben, wirkt das auf den Körper, unter anderem auf die Magensäfte, negativ und ist eher als eine Essstörung einzuordnen. Am Beispiel einer Atemübung ist das Zusammenspiel dieser beiden Prinzipien direkt erlebbar und auch nachvollziehbar. Um etwa den Zustand der Atemleere zu halten, ist sowohl die physische Bemühung, begleitet von unablässiger mentalen Fokussierung, notwendig als auch das gelassene Gefühl der Zufriedenheit. Nur dann können wir vermeiden, dass wir in einer verkrampften Anstrengung verharren. Verzicht darf kein Mangelgefühl mit sich bringen, sonst ist es nicht nur ein Verstoß gegen die Zufriedenheit, sondern auch gegen uns selbst.

Die Bewertung von Verzicht

Gegenwärtig ist das Wort »Verzicht« im deutschsprachigen Raum eher negativ besetzt als etwas Restriktives oder Selbstzerstörerisches. Aber ohne sich anzufreunden mit diesem Begriff können wir den beiden Yogaregeln *Aparigraha* und *Tapas* nicht näherkommen. Wer zukunftsorientiert denken und handeln möchte, kommt gar nicht weiter, ohne das Verzichten zu lernen. Das wird die Menschheit in der unmittelbaren Zukunft immer mehr zu akzeptieren lernen müssen, da wir zunehmend dramatische Überlebensprobleme bekommen, weil wir eben diese Idee belächelt haben. Aber auch für das Individuum wird es zwingend, dies zu erlernen. Wer eine lebensbedrohliche Krankheit hat, aber keine Heilungsmethoden mit klaren Aussichten auf Erfolg, wird, wenn er den Willen dazu hat, für die Remission, also das Nachlassen der Symptome, kämpfen. Das wird vor allem bedeuten, vieles aufzugeben, was einem teuer erschien. Die eigene Gesundheit in so einer Situation in die Hand zu nehmen – wo externe Hilfen nicht zugänglich sind – heißt hauptsächlich, das eigene Leben umzukrempeln. Damit ist nicht ein neuer Kleiderschrank mit neuen Inhalten oder eine neue Wohnung mit neuem Möbel gemeint, sondern das Verzichten auf den gewohnten Lebensstil und auf vieles, was damit verbunden ist und bisher normal war.

SVĀDHYĀYA

Wissen zu erwerben ist eine Übung für den Geist, ähnlich wie Sport oder Gymnastik Übung für den Körper bedeutet. Lernen und Studieren halten uns mental jung und fit. Sich als Studierende zu verstehen ist für alle Menschen, die geistige Fortentwicklung suchen, wichtig. Sich sein ganzes Leben als Schüler oder Schülerin zu betrachten heißt auch, das Nichtwissen, das noch nicht erfasste Wissen, anzuerkennen.

Wenn die Inhalte unseres Studierens einen geistigen Bezug zu uns selbst haben, werden wir auch mehr mit uns selbst und nicht nur mit der Welt als Gegenüber konfrontiert. Wenn unser Studium nicht nur unsere Kenntnisse über ein bestimmtes Wissensgebiet bereichern, sondern vor allem im Kontext des eigenen Lebens stehen, werden sie zu einem »Selbststudium«. Ein solches Selbststudium ist eine Disziplin, die wir in unseren Alltag als Teil des *Aṣṭāṅgayoga* einbinden sollten. Das nennt sich *Svādhyāya*. Worin genau unsere spezifische Aufgabe im Leben besteht, kann weder von uns erraten werden, noch kann es uns von einer äußeren Autorität genannt werden. Um im Laufe des Lebens eine Gewissheit darüber zu entwickeln, ist *Svādhyāya* wertvoll. Diese nächste *Niyama*-Regel erklärt das *Yogasūtra* 2.44:

स्वाध्यायादिष्टदेवतासंप्रयोगः

svādhyāyādiṣṭadevatāsaṁprayogaḥ

Das Selbststudium führt zu einer Verbindung mit Bildern oder Themen, die uns auf den spirituellen Weg lenken können.

Lernen ist besonders dann wertvoll, wenn es Relevanz für die eigene Realität hat. Großes Wissen über Geografie, Geschichte oder Biologie kann interessant und packend sein, wird uns aber in schwierigen Phasen des Lebens kaum Beistand leisten können. *Svādhyāya* hingegen ist eine Übung, die uns hilft, uns selbst besser »auszuleuchten«.

Unsere Beschäftigung im Leben

Es gibt viele Menschen, die Musik, Mathematik oder Medizin studieren oder sich mit anderen Themen intensiv beschäftigen und dabei viele Kenntnisse erwerben, diese Beschäftigung dann aber wieder aufgeben. Eine solche Entwicklung hin zu einer grundsätzlichen Frustration kann sehr einfach passieren, wenn das Studierte keinen klaren Eigenbezug hatte oder nicht in Verbindung mit eigenen tieferen Lebensfragen stand und eher etwas Fremdes blieb. Das Gleiche kann uns mit unserem Beruf passieren, bei dem ja auch das Lernen eine Rolle spielt. Unsere berufliche Tätigkeit werden wir nur dann als wirklich sinnvoll erleben, wenn sie einen Bezug zu unseren Bedürfnissen hat. Erst dann kann die Beschäftigung damit zu einem Wissen und einer Kompetenz werden, die uns stark macht und schützt. Die Berufswahl oder das Thema unseres Studiums garantiert nie diesen Eigenbezug. Entweder müssen wir uns bewusst diesen Einbezug herstellen oder aber zusätzlich einem Studium nachgehen, bei dem wir diesen Bezug bekommen. Eine Lehrerin, die in ihren Berufsthemen versiert ist, aber ihr spirituelles Interesse dabei nicht ausleben kann, muss nicht zwingend in einen Konflikt geraten. Aber sie muss die Zeit aufbringen, um diesem Interesse auf andere Weise mit ihren Möglichkeiten und Fähigkeiten nachzugehen. Im Leben sind wir dazu aufgefordert, unsere Wahl mit unserem Wesen, der Herkunft, die uns geprägt hat, und mit unseren erblich bedingten Interessen und Neigungen in Einklang zu bringen.

Schutzengel und Mantra

Es kann Situationen im Leben geben, in denen wir plötzlich einen Schutzengel suchen. Nehmen wir an, dass wir mit »Schutzengel« ein Bild oder einen Gedanken meinen, der still und von alleine auftaucht, wenn wir ihn rufen oder wenn wir ihn brauchen. Wissen, welches zu Weisheit gereift ist, ist ein solcher Schutzengel. Er taucht in unserem Bewusstsein auf, sobald es einen Engpass gibt. Eine Weisheit, die in der Erinnerung verriegelt gehalten und nur gelegentlich begutachtet wird, kann nicht sehr hilfreich sein; vielmehr wird eine Weisheit gebraucht, die durch die wiederholte wörtliche und klangverbundene Äußerung lebendig bleibt. Das heißt, dass aus einer Formel, zu der sich die Weisheit verdichtet hat, ein Schutzengel wird, wenn wir diese innig und deutlich anerkennen und uns regelmäßig ins Bewusstsein rufen. Das ist die Idee hinter der Anwendung von *Mantra*, dem mentalen Wiederholen einer Aussage, die für uns zu einer Art Schutzengel wird und uns in entscheidenden Momenten Zuversicht verleihen kann. Selbstverständlich geht es hier nicht um die blinde Wiederholung eines Wortes oder eines Satzes, sondern um einen wiederholten Ausruf und die bedachte, belebte und zugewandte Reflexion über dessen Aussage und Bedeutung. Dann kann es zu einer tiefgründigen Beschäftigung werden, die einem Studieren gleicht, das uns näher zu uns selbst führt.

Īśvarapraṇidhānam

Es ist eine besondere Fähigkeit des Menschen hinaufzuschauen, sich die Begrenztheit des Selbst und die Grenzen des eigenen Willens bewusst zu machen. Es ist eine befreiende Wahrnehmung, einen Baum in seiner Gesamtheit anzuschauen und sich darüber zu begeistern, wie groß und alt er ist und was er alles spendet – Früchte, Blätter, Wurzeln, Rinde, Holz, Schatten. Diese Wahrnehmung macht uns bewusst, wie sehr wir die eigenen flüchtigen

Empfindungen überbewerten. Sie vermittelt uns die Demut, die uns nicht den Kopf senken, sondern ihn im Sinne von Hochachtung erheben lässt.

Der Gottesgedanke

Man kann darüber streiten, ob Gott nur ein vom Menschen konstruiertes entbehrliches Konzept ist oder mehr als das. Aber auch ganz abgesehen davon ist die Tugend der Verehrung unentbehrlich, denn sie verhilft uns zu einer gesunden Selbsteinschätzung. Das Verehren aber bringt auch ein Problem mit sich: Wenn das Verehrte eine Meinung über uns hat, wird eine solche Selbsteinschätzung durch diese getrübt und beeinflusst. Wenn wir einen Menschen oder ein Tier verehren, wird dessen Meinung oder Verhalten über unsere Selbstwahrnehmung herrschen. Auch ein Gott, dem wir Meinungen und Bewertungen zugeschrieben haben, wird unsere Selbstwahrnehmung trüben. Die tiefe Bewunderung und die darauffolgende Verehrung eines Gegenübers, das nicht nur über eine größere Machtfülle als wir selbst verfügt, sondern auch eine makellose Güte besitzt, wird uns dagegen weder in die Kleinmütigkeit noch in die Selbstüberschätzung treiben. Das Konzept des *Īśvara* im Yoga ist ein solches Gegenüber, die Verehrung dessen ist *Īśvarapraṇidhānam*.

Es ist im Yoga wie eine Grundregel zu beachten, dass wir uns darin üben, uns zu sagen: »Es gibt einen größeren Zusammenhang, eine einzigartige Gesamtheit, die alles mit lenkt, einschließlich meinen eigenen Willen; daher kann ich nicht alles bestimmen oder so haben wie ich es will.« Ohne uns zu verzetteln in Fragen dazu, ob es Gott gibt, welchen Gott wir meinen oder ob wir einen Gott oder eine Göttin anbeten, können wir mit einer solchen umfassenden Haltung einen wahrhaftigen *Īśvarapraṇidhānam* üben.

Aber Haltungen werden nicht authentisch durch das Denken, sondern erst durch das Tun. Deshalb ist eine Tat als Symbol solcher Verehrung in den Alltag zu integrieren. Ob es das Darbringen eines Blattes, einer Blume, einer Frucht oder eine andere Geste ist – ein dankbares Gefühl für das Objekt eines solchen Gedankens entgegenzubringen ist gelebter *Īśvarapraṇidhānam*. Dabei ist es dann auch vollkommen gleich, ob wir einen Jesus, eine Maria, eine Shakti, einen Shiva, einen Sisyphus, eine Lichtquelle, einen Baum oder die Natur an sich als dieses Gegenüber sehen.

Staunen

Staunen zu können ist ein unverzichtbares Grundbedürfnis. Es gehört laut der Lehre der indischen Ästhetik zu den Grundemotionen der Menschen. Dieses Staunen kann ausgelöst werden durch etwas, was das Gefühl von Größe und gleichzeitig von Nähe vermittelt. Man muss kein ausgesprochen religiöser Mensch sein, um zu staunen, zu verehren und dann zu beten. Die Fähigkeit des Staunens ist die Voraussetzung dafür, in die Stille zu kommen. Die Angst kann uns zum Verschweigen der Wahrheit bringen, aber es ist das Staunen, welches das Denken zum Schweigen und uns dadurch in die Stille bringt. *Yogasūtra* 2.45 beschreibt das so:

समाधिसिद्धिरीश्वरप्रणिधानात्

samādhisiddhirīśvarapraṇidhānāt

Hingabe an das Göttliche führt zu Samādhi, zur vollkommenen Erkenntnis.

Īśvarapraṇidhānam hat im System des *Aṣṭāṅgayoga* einen sehr hohen Wert, denn er führt uns zum letzten Ziel des Yoga, zur unbegrenzten Erkenntnis.

3. *Āsanam*

WAS IST EIN ĀSANAM?

Āsanam ist jene Körperhaltung, in der eine äußere und innere Stabilität für eine längere Zeit gewahrt wird und die gleichzeitig auch wohltuend ist. *Yogasūtra* 2.46 legt die Qualität von *Āsanam* fest:

स्थिरसुखमासनम्

sthirasukhamāsanam

Die ideale Haltung ist stabil und leicht zugleich.

Eine solche Haltung kann vieles sein; es kann eine Haltung im Liegen, Stehen oder Sitzen sein. Daher sagt man auch, es gebe so viele *Āsanas,* wie es Lebewesen gibt. In den Bewegungen von Lebewesen kann man entsprechend auch ganz viele *Āsanas* finden und erfinden. Was können wir aber letztlich wirklich als *Āsanas* bezeichnen?

Lass uns das Beispiel des David nehmen, jener Skulptur von Michelangelo in Florenz. Sie bildet einen jungen Mann ab, der lässig dasteht, fast ein Lächeln auf seinen Lippen, dabei aber stark und achtsam. Die Augen sind ausgerichtet auf sein Ziel, die Hände erscheinen entspannt, aber halten Stein und Schleuder fest. Der Rumpf ist stark, aber die Gelenke sind in entspannter Bereitschaft, sich zu bewegen. Die Statue ist wie ein Sinnbild jener Körperkraft, die nicht der gewaltsamen Beherrschung erwächst, sondern eine durchlässige Offenheit bei gleichzeitiger Entschlossenheit zum Vorschein bringt. Lässigkeit muss nicht unbedingt zu Schlaffheit führen, im Gegenteil, sie widersetzt sich ihr. Anspannung erhöht die Wachsamkeit nicht, sondern kann sie eher behindern. In der Skulptur des David sehen wir eine Haltung, aus der wir den Goliaths und anderen eigenen inneren Feinden auf Augenhöhe gegenübertreten können. Das ist *Āsanam.*

Als Inspiration für *Āsanas* dienten vor allem die Bilder, Statuen und Posen aus dem Tanz, aus der Kampfkunst oder aus dem Leben von Menschen und Tieren in tiefer Ruhe bei gleichzeitiger großer Wachsamkeit. Zentral dabei ist die Ästhetik des Erscheinungsbilds, denn die Anmut, die eine Haltung mit sich bringt, ist der einzige äußere Beweis für das Vorhandensein der Qualitäten eines *Āsana.* Eine gute *Āsana*-Übung trägt zu unserer Verschönerung im Sinne von Anmut bei.

Das bekannteste unter den unzähligen Bildern aus Indien von Göttinnen und Göttern, Tänzerinnen und Tänzern in anmutigen, aber starken Posen ist das des Buddha in Meditationshaltung. Es zeigt meistens den Buddha in *Padmāsana*, dem Lotossitz, mit den Füßen jeweils auf dem gegenüberliegenden Schenkel ruhend. Die Hände, der Inbegriff unseres Tuns, weisen, so wie auch bei David, auf die geistige Beschäftigung des statisch Dargestellten. Bei den Darstellungen des Buddha zeigt oft seine eine Hand auf den Boden als Zeichen der stabilen Verbundenheit mit der Erde. Die andere Hand ruht auf dem Schoß und drückt die ruhige Leichtigkeit aus. Die erhobene Brust, der gedehnte Nacken und das gerade ausgerichtete Haupt geben dem Bild Stabilität und Kraft, während die entspannt ruhenden Beine und Arme sowie der gesenkte Blick ihm die dazugehörende Gelassenheit geben. Bei jeder qualitativ guten Darstellung, ob es in Stein oder auf Pergament ist oder wie beim Tanz oder in der Kampfkunst eine lebendig vorkommende Pose, wird *Āsana* sichtbar und begreifbar.

WIE KOMMT MAN IN EIN GUTES ĀSANAM?

Hierzu hat *Yogasūtra* 2.47 eine Antwort:

प्रयत्नशैथिल्यानन्तसमापत्तिभ्याम

prayatnaśaithilyānantasamāpattibhyām

Eine immer leichter werdende und intensive Bemühung sowie die tiefgründige Sammlung auf das Grenzenlose helfen uns, diese Haltung zu erreichen.

DIE INTENSIVE, LOCKERE BEMÜHUNG

Die Vorstellung bei vielen Körperübungsarten von heute, bei denen es um höher, weiter, kräftiger oder besser geht und lineare Messungen der Leistung einen wichtigen Antrieb darstellen, haben überhaupt keine Relevanz in Bezug auf das Thema *Āsanam*. Denn bei der Art und Weise, wie *Āsanas* geübt werden sollten, geht es um etwas anderes. Nehmen wir als Beispiel die Qualitäten, die ein Ringkämpfer braucht: Er sollte ganz mit der Erde verwurzelt sein und dennoch mit dem gesamten Körper locker bleiben. Das sind für ihn die Übungsvorsätze. Eine Balletttänzerin wird hingegen ihre starke Beinmuskulatur brauchen, um nach einem Sprung in die Höhe elegant auf dem Boden zu landen. Ein Kletterer bekommt die Wendigkeit, die er braucht, nur in Zusammenhang mit der Kraft im Körper. Das Training erfordert immer die Mischung aus lockerer Eleganz und intensiver Kraft – und so ist es auch beim Yoga. Für die Übung von *Āsanas* ist die Intensität der Bemühung wichtig. Doch soll diese Intensität locker und keinesfalls verbissen sein. Merkt man einer Pirouetten drehenden Tänzerin an, dass sie ihre Gesichtszüge oder Körperglieder verkrampft, wird sie beim Publikum nicht ankommen. Wirken die Anstrengungen eines Tennisspielers auf seine Schultern oder Handgelenke, wird er keine großen Partien gewinnen.

Die gelockerte Bemühung ist eine wichtiger Aspekt in der Anleitung für das Umgehen mit der Übung von *Āsanas*. In den Gelenken – vom bedeutungsträchtigen Kiefergelenk bis hin zum großen Hüftgelenk – soll Lockerheit bewahrt werden. Ansonsten wird das Üben verkrampft und degeneriert zum Selbstzweck, sodass es der eigenen Absicht widerspricht und letztlich keine Kraft entwickelt wird. In der Überanstrengung ist man so erschöpft, dass am Ende nichts mehr geht. Das kann in manchen Situationen fatale Folgen haben, etwa wenn man eifrig einen Berg besteigt und kaum noch Kraft hat, wieder zurückzukehren, oder – um meine Lehrer zu zitieren – wenn man eine Kokospalme hochklettert, ohne zu wissen, wie man wieder herunterkommt. Die lockere Anstrengung ist ein Schlüssel zum Üben, um negative Nebenwirkungen zu vermeiden.

Die Konzentration auf die Unendlichkeit

Ein achtsamer und agiler Torwart konzentriert sich auf den Ball. Die Tänzerin gibt ihren Körper der Melodie hin. Worauf weilt die Konzentration eines oder einer *Āsana*-Übenden? Die Anleitung für Körperübungen beim Yoga enthält in Bezug darauf eine zweite wichtige Regel: Die Gedanken sollten beim Üben auf das Endlose fokussiert sein. Man soll zwar mit gelassener Festigkeit im eigenen Körper verwurzelt sein, aber der Geist sollte nicht am Körper haften, sondern auf die unendliche Weite ausgerichtet sein. Ansonsten ist es, wie wenn im Ballett mittels eines Spiegels die perfekte Pose gesucht wird. Während einer Probe kann sich eine Balletttänzerin zum Spiegel hinwenden, um zu sehen, ob sie beim Strecken des Körpers die richtige Haltung einnimmt. Beim eigentlichen Auftritt auf der Bühne jedoch muss ihr Blick auf eine nicht nennbare Weite gerichtet sein, wohin sich der Körper zu strecken bemüht.

Unsere intensiven körperlichen Bemühungen können direkt zur Folge haben, dass wir körperverliebt oder sogar narzisstisch werden. Deshalb ist diese zweite, komplementäre Regel wichtig. Sie stellt sicher, dass wir sowohl tief im Körper als auch frei von Körperbezogenheit bleiben, den Körper verfeinern und uns dennoch nicht in ihn verlieben, dass wir uns sowohl auf den Körper verlassen als ihn auch verlassen können, in dem Sinne, dass wir von ihm frei sein können.

Nur wer beim Üben den eigenen Körperraum verlassen kann, entfaltet innere Schönheit. Darin liegt die Vollendung der Übung: sich tief in seinen Körper hineinzufinden und doch über ihn hinauszugehen. Von sich abzusehen und in die Weite zu schauen bedeutet konkret, dass wir den Raum des eigenen Körpers mit hineinnehmen in den allgemeinen Begriff von Raum, wobei dieser »Raum« der Ort sein kann, in welchem wir üben, die Bühne, auf welcher jemand tanzt, oder der Himmel, unter welchem sich unser Körper befindet. Traditionell wird der Fokus dabei auf den Atem gelegt, denn in seinem Zusammenspiel mit der Luft als Element stellt er die große Weite dar.

ZWEI WICHTIGE KÖRPERPUNKTE

Zwei Körperpunkte bzw. -bereiche helfen, um sicherzugehen, dass unsere Übungsweise stimmig ist. Jeder Korpus, sei dies ein Ball, ein Auto oder ein Gebäude, muss gewisse Eigenschaften und eine bestimmte Geometrie haben, um überhaupt stabil in der Bewegung zu sein oder sich stabil gegen umstoßende Kräfte zu behaupten.

Der Nabel

Hier gewinnt nicht nur der Nabel an sich, sondern der Nabel als die Achse des Korpus große Bedeutung. Der Nabel ist das Zentrum eines Korpus, aus ihm heraus entwickelt sich dessen Stabilität. Ein Mensch, der stabil stehen oder gehen will, muss auf seinen Nabel konzentriert sein. Ein Mensch, der auf einem Seil läuft, klettert, tanzt oder eine andere alltägliche Herausforderung des Körpers bewältigt, muss mit dem Bewusstsein im Nabelbereich sein, beim Bauchnabel, um sich im Raum zu behaupten.

Das Nabelbewusstsein gibt uns Gleichgewicht im täglichen Leben, es gibt uns auch Bewusstsein für das Gleichgewicht in einem größeren Zusammenhang, um alles Mögliche im Gleichgewicht zu bewältigen. Wenn man in der Kälte geht und friert, wird dieses Bewusstsein helfen, dass das System nicht aus dem Gleichgewicht kommt. Wenn dann das Bewusstsein zum Nabel gebracht wird, gibt dies eine ganz andere Kraft beim Gehen. Das bedeutet nicht, dass man beim Gehen dauernd beim Nabel sein muss, doch die körperliche Anstrengung soll so sein, als ob sie aus dem Nabel, aus dem Mittelpunkt, käme. Es geht darum, ihn als die Achse zu sehen, in der alle Anstrengungen und Bewegungen ihr Zentrum haben. Dann lässt es sich, ohne die körperlichen Empfindlichkeiten überzubewerten, sicher und behütet gehen.

Das Herz

Der andere wichtige Punkt ist der, den man im Yoga »das Herz« nennt. Wenn wir still in einer Position verweilen, ob es zum Lesen oder zum Meditieren ist oder um sich mit anderen auszutauschen, ist der Herzpunkt wichtig. Er ist der Mittelpunkt des Rumpfes im Sitzen. Tiefe Reflexionen sind aus der Sicht des Yoga im Stehen oder Liegen nicht möglich. Ob man sitzend meditiert, musiziert, betet oder reflektiert, den tiefen Geist erreicht man am besten, wenn dieser Körperbereich im Bewusstsein bleibt. Er unterstützt, dass wir weit aus uns herauskommen und in Verbindung mit dem Außen sein können, ohne die eigene Mitte zu verlieren.

Die gesamte *Āsana*-Übung hat zum Ziel, diese zwei Punkte in unserem Körperbewusstsein zu verinnerlichen. So kann man stabiler und sicherer auf das Gegenüber reagieren und ihm fester und selbstsicherer begegnen.

Yogasūtra 3.29 und 3.34 beschreiben jeweils die Wichtigkeit dieser beiden Punkte im Kontext der kontinuierlichen Meditation:

नाभिचक्रे कायव्यूहज्ञानम्

nābhicakre kāyavyūhajñānam

Die Konstellation der Körperorgane wird uns durch die tiefe Versenkung in Nābhicakra [das Nabelzentrum] gewahr.

हृदये चित्तसंवित्

hṛdaye cittasaṁvit

Tiefe Versenkung in das Herz bringt genaues Wissen über den eigenen Geist.

WIDERSTANDSFÄHIGKEIT ALS WIRKUNG DER ĀSANA-ÜBUNG

Ein Kletterer erfährt das Glück im Freiheitsgefühl und eine Tänzerin in einer ästhetischen Erfüllung. Das Befolgen der zwei Übungsregeln für *Āsanas* gibt den Übenden Widerstandsfähigkeit. Es ist ein Zeichen des richtigen *Āsanam*-Übens, dass man im Allgemeinen, unter Berücksichtigung der individuellen Konstitution und Veranlagungen, nicht zimperlicher oder empfindlicher wird, sondern robuster und resilienter. Ein klarer Unterschied bei *Āsanam* ist die Abwesenheit von jedem äußeren Gegenstand, mit dem sich der Körper verbindet, anders als bei der Tänzerin, die sich mit der Musik, oder dem Kletterer, der sich mit dem Felsen verbindet. Die Übung mit den zwei Prinzipien – intensive, lockere Bemühung und Konzentration auf die Unendlichkeit – hilft, dass wir beim Körper bleiben und uns nicht im Körper gefangen halten lassen. Das führt dazu, dass uns das Außen nicht mehr als das überraschende oder destabilisierende Gegenüber konfrontiert. In einfachen Worten sagt das *Yogasūtra* 2.48 dazu:

ततो द्वन्द्वानभिघातः

tato dvandvānabhighātaḥ

Dadurch entsteht Widerstandsfähigkeit gegenüber der Wirkung von extremen Einflüssen.

EINE GESCHICHTE DER ĀSANA-ÜBUNG

DER BEITRAG VON T. KRISHNAMACHARYA

T. Krishnamacharya, ein bekannter Meister des Yoga aus dem letzten Jahrhundert, hat zum Yoga, wie er heute geübt wird, einen sehr großen Beitrag geleistet. Ich hatte das Glück, in seinen letzten zwölf Lebensjahren gelegentlich seinem Unterricht beizuwohnen, denn sein Sohn, sein längster und fortwährender Schüler T.K.V. Desikachar, war mein Meister. Meine Kenntnisse einiger Zweige der indischen Kunst und Kultur, die langjährigen Lehrjahre bei meinem eigenen Meister und mein Verständnis der indischen Geschichte und Begebenheiten lassen mich die populär gewordenen »Feststellungen« durch akademische Recherchen und die teilweise skurrile Wiedergabe dieser Recherchen infrage stellen. Da heißt es zum Beispiel, Yoga, wie wir ihn heute kennen, gehe vor allem zurück auf T. Krishnamacharyas eigenen Erfindergeist und seine Begegnungen mit europäischen Gymnastikexperten. Auch wird behauptet, der Meister hätte den Auftrag vom Maharaja des Palasts von Mysore gehabt, aus den Jugendlichen in dieser Gegend fitte junge Männer für Soldatenaufgaben zu machen. Der Kontext dieses Buches passt nicht, um zu diesem aus indischer Sicht absurden, auf den Westen zentrierten Blick auf die Geschichte Indiens Stellung zu beziehen.

Die Frage aber bleibt, woher die einmalige Idee stammt, sich in verdrehte Körperstellungen zu bewegen und in ihnen zu verharren, um auf der Ebene des Geistes etwas in Gang zu setzen.

Am Beispiel von T. Krishnamacharya können wir uns ein Bild davon machen, wie sich die *Āsana*-Techniken entwickelt haben und fortbestanden. Nach seiner eigenen Aussage entstammt er einer Familie von Yogapraktizierenden. Die *Āsanas* habe er entsprechend früh in der Familie gelernt. Er war körperlich fit, sehr wendig und beherrschte den Körper und den Atem mit solch ungewöhnlicher Präzision, dass es naheliegend ist, dass er dies bereits als Jugendlicher oder sogar schon als Kind gelernt haben muss. Hinzu kommt, dass in Indien Meister von vielen Künsten und Handwerken ihre Kenntnisse zuerst oder teilweise ausschließlich ihren eigenen Kindern weitergaben. So bildete bei traditionellen Experten die Familie die Hauptquelle allen Wissens.

T. Krishnamacharya hat darüber hinaus auch mehrere Jahre in den Grenzgebieten des Himalayas in Tibet verbracht. Zu seinen Techniken gehörten Inhalte, die man heute in entlegenen Gebieten Tibets oder in anderen Gebieten des Himalayas bei streng klösterlich lebenden Menschen wiederfindet. Dazu gehören Atem- und Körperkontrolltechniken, die nur bei streng diszipliniertem und entbehrungsreichem Lebensstil möglich sind.

Die Rolle indischer Tanz- und Kampfkünste

Abgesehen von dieser persönlichen Geschichte von T. Krishnamacharya steht das *Āsana*-Verständnis des Yoga im Kontext des Körperverständnisses der indischen Kultur. Aufgrund der geographischen Größe und der kulturellen Vielfältigkeit gibt es in Indien diverse Formen von Tanz und Kampfkunst. Anders als beim Tanz und in der Kampfkunst gibt es im Yoga keine schriftlich festgelegte Reihe von Übungen oder deren Abfolge.

Die Beschäftigung mit einer Kampfkunst wie *Kalarippayat* aus Kerala macht deutlich, wie sehr manche Bewegungsabläufe denen des Yoga ähneln. Auch wird bewusst, um welche Art der Körpersprache es geht und auf welche Körperqualitäten es ankommt. Sie sind allemal etwas anderes als das, was man bei der Gymnastik und dem modernen Sport finden wird. Wollte also ein Maharaja fitte, junge Männer heranziehen, so hätte er seine Jugendlichen zur damals viel lebendigeren Kampfkunst geschickt statt zu einem Yogalehrer, dessen Unterricht in tiefen philosophischen Kenntnissen eingebettet war.

Klassische Tanzstile Indiens wie *Bharatanatyam* aus Tamil Nadu oder *Odissi* aus Odisha gehen auf festgelegte Schriften zurück. Die vielen Posen und Bewegungen, die detailliert beschrieben sind und in Skulpturen in ganz Indien wiedergefunden werden können, zeigen, wie viele *Āsanas* diesen Posen und Bewegungsabläufen, den *Karanas,* ähneln. Hier kann man die Beschreibung des Begriffs *Āsana* lebendig werden sehen.

Auch wenn man sich *Mallakhamb*, eine Sportart mit einem Stab, anschaut, werden die *Āsanas* aus dem Yoga lebendig. Und auch die bereits erwähnten Skulpturen dienten als eine Vorlage für *Yogāsanas*.

Kulturell geprägtes Verständnis des Körpers

Muskeln, Gelenke, Knochen und Organe sind ein Gewebe des menschlichen Körpers. Bei der Betrachtung des ganzen Körpers wird in vedischen Texten und natürlich im Ayurveda ein sehr differenziertes Zusammenspiel von Geweben, Winden, Elementen, Sinnen und feinstofflichen Ebenen beschrieben, die alle insgesamt den menschlichen Körper ausmachen. Für gelehrte als auch für nicht gelehrte Übende sind diese Prinzipien Teil des kulturell übertragenen Wissens. Im Yoga können die *Āsanas* nur in diesem Kontext entwickelt worden sein. Ein Meister wie T. Krishnamacharya hat dieses eine Verständnis vom Körper. Ignorieren wir diesen Kontext, so werden wir ein völlig falsches Bild von *Āsana* im *Aṣṭāṅgayoga* bekommen. Wer ein ganzheitliches Bild von Yoga erwerben und entsprechend üben möchte, sollte sich deshalb die Grundlagen der richtigen Körperübung und des dienlichen Körperverständnisses aus dem Umfeld der Künste, der ganzheitlichen Sportarten, des ganzheitlichen Gesundheitssystems und des meditativ Agierenden, egal aus welchem Kulturkreis, holen.

4. *Prāṇāyāma*

DER ATEM

Bisher ging es um ein gesundes, ausbalanciertes Verhältnis zur größeren Umgebung, zu unserem Alltag und ebenso zum eigenen Körper. Ein näherer und intimerer Punkt ist der Atem.

Der Atem spielt eine unvergleichbar wichtige Rolle im Yoga. Wenn es am Yoga etwas Spezielles gibt, dann ist es vor allem der Atem. Konzepte, wie sie in den *Yamas* und *Niyamas* dargelegt werden, findet man auch in der humanistischen Weltanschauung, in Religionen und in unterschiedlichen Kulturen. Ein gesundes und ausgewogenes Körpergefühl ist zwar sehr zentral im Yoga, doch ähnliche Ideen gibt es in vielen anderen Bewegungsformen und -bereichen ebenfalls – etwa im Tanz, in der Akrobatik, im Sport, in der Kampfkunst oder auch bei der Gymnastik. Menschen beschäftigen sich in allen Kulturen mit der Vorstellung eines zentrierten Körpers, vor allem im Zusammenhang mit der Gesundheit. Ein bewusstes Hervorheben von Atemtechniken ist hingegen nicht verbreitet. In einigen Bewegungsformen wie beim Tai-Chi oder Fechten ist das Bewusstsein für die Atmung schon wichtig. Im Yoga hingegen beschäftigen wir uns nicht nur mit dem Atem oder pflegen ihn, sondern versuchen, eine sehr tiefe Beziehung zum Atem aufzubauen. Der Atem hat im Yoga ein so großes Gewicht, dass an ihm kein Weg vorbeiführt. Er ist das Zentralste im Yoga.

Als Menschen haben wir wichtige Beziehungen, wie die zu unseren Eltern und Kindern, die emotional erfüllend sein können und Schutz geben. Die sexuelle Beziehung zum Partner oder zur Partnerin wird verbunden mit Glück. Die Beziehung zu den eigenen Gaben, wie etwa ein Talent für Musik oder die Ausübung eines bestimmten Handwerks, schenken uns Selbstwertgefühl und geben Halt. Man fühlt sich durch diese Beziehungen sicher und verbunden und schätzt sie wie einen Teil von sich selbst. Und auch der Atem und unsere Beziehung zu ihm können eine ungemein wichtige und hilfreiche Rolle spielen. Im Yoga sieht man den Atem als Freund, als geistige Anregung, als Wegbegleiter und Wegweiser. Auf den eigenen Atem ist immer Verlass. Wenn es einen intimen Freund gibt, der einen immer beschützen wird, auf den es immer ankommt und dessen Stimme uns immer auf das Allernotwendigste hinweist, dann ist es der Atem. Uns ihm zu nähern und zu ihm eine gute Beziehung aufzubauen kann für das Leben große Bedeutung haben, denn welche Beziehungen auch immer zu Ende gehen, die Beziehung zum Atem kann man bis zum Ende des Lebens behalten. Der Atem als *Prāṇa*, als *Spirit* (englisch für »Geist, Lebenshauch, Atem«) oder *Psyche* (altgriechisch für »Atem, Hauch«), ist doch letztlich ein Synonym für das Leben selbst. Der Atem wirkt auf uns tiefgreifender ein als die Sinnesorgane, als der Körper, als unser Alltag oder unsere Besitztümer, da er diese alle wertlos machen kann.

WAS IST PRĀṆA?

Im *Aṣṭāṅgayoga* ist *Prāṇāyāma* das zentrale der acht Glieder. Es ist das Tor zwischen den vier äußeren und den drei inneren Gliedern. Der Begriff *Prāṇa* setzt sich zusammen aus *pra* (= perfekt, genau) und *ṇa* (= das, was führt; die Führende). *Prāṇa* führt perfekt durch Körper, Geist und alles, was es zu führen gibt, ob es Informationen, Emotionen oder Substanzen sind.

Zu der in fünf Bereiche gegliederten Aufteilung seiner Aufgaben gehören die Bewegungen in Verbindung mit:

a) dem Geist, den Sinnesorganen und der Inspiration, der Einatmung;
b) der Ausscheidung und der Abführung, der Ausatmung;
c) den Gelenken und den Gliedmaßen;
d) der Stimme und der Lebensvitalität;
e) dem Verdauungsfeuer, dank welchem der Körper ein Ausgleich mit dem Außen oder von außen her eingenommenen Nährstoffen schafft.

Das Interessante für uns in diesem Zusammenhang ist die übergeordnete Wichtigkeit der Atemfunktion im Yoga. Denn die Atemfunktion ist stellvertretend für all die physiologischen Funktionen, die von *Prāṇa* geleitet werden, und ist deren Kern. Den Atem zu kennen und ihn zu lenken ist fast gleichzusetzen mit der Lenkung von *Prāṇa*. Durch das Lenken des Atems können wir gleichzeitig auch all die Funktionen beeinflussen, die von *Prāṇa* geführt werden.

Woher kommt diese Wichtigkeit des Atems? In der naturwissenschaftlichen Betrachtung wird von den willkürlichen und unwillkürlichen Funktionen des Körpers gesprochen. Die Arbeit des Herzens und des Kreislaufs sind unwillkürliche Funktionen; man kann sie nicht derart lenken, dass sie sich auf eine bestimmte Weise bewegen. Die Essensaufnahme, das Fortbewegen oder das Sprechen sind eher willkürliche Funktionen, über die wir eine große Einflusskraft haben. Die Atmung liegt aus der Perspektive des Yoga im Grenzbereich. Sie ist zwar eine unwillkürliche Funktion, die abläuft, ohne dass wir darüber nachdenken müssen, aber sie lässt sich direkt von uns beeinflussen wie eine willkürliche Funktion. Durch die bewusste, achtsame Beeinflussung des Atems kann man an die unwillkürlichen und willkürlichen Funktionen herankommen. Das Üben mit dem Atem bringt uns zu einem Grenzbereich unseres Willens, der zwischen dem liegt, wofür wir zuständig sind, und dem, was wir kaum beeinflussen können.

Die willkürlichen Funktionen

Im Bereich der willkürlichen Funktionen spielt die Atmung eine wichtige Rolle. Um subtile willkürliche Funktionen auszuführen, wie zum Beispiel nur ein einzelnes Gelenk eines Fingers zu bewegen, wird es *Prāṇa* sein, das wir lenken müssen, und zwar über den Atem. Wenn man einen Balanceakt macht, bei dem ganz feinmotorische Muskeln und Bewegungen kontrolliert werden müssen, damit das Gleichgewicht gehalten werden kann, dann ist der Atem – und damit auch *Prāṇa* – beteiligt. Wenn die Atmung sich verkrampft, sich dagegen wehrt oder etwas Konträres macht, sind solche feinmotorischen Bewegungen und Kontrollen schlecht bis gar nicht ausführbar.

Wenn man nach einem Unfall zehn Wochen im Bett lag und nicht mehr gehen kann, müssen die Muskeln ganz langsam wieder in Bewegung gebracht und an die Aktivität gewöhnt werden. Hier wird man den Nutzen der Atmung und der Beherrschung des *Prāṇa* besonders schnell spüren, nicht nur für subtile Bewegungsabläufe mit feinen Muskeln, sondern auch für gröbere körperliche Aktivitäten. Immer wenn der Körper etwas Komplexes machen soll, braucht er die Atmung.

Atemübungen sind wichtig, denn sie helfen uns, den Zusammenhang zwischen den subtilen Funktionen des Körpers zu erkennen und mit ihnen umzugehen.

Die unwillkürliche Funktion

Wer Schäfchen zählt, um einzuschlafen, macht nichts anderes, als dem Atem in seinen Rhythmus zurückzuhelfen. Wenn die unwillkürlich verlaufende Atmung in ihrer natürlichen Qualität zurückkehrt, kann der Schlaf kommen. Der natürliche Lauf des Atems fordert von uns keine Mühe, und unser Atem kann jeder Bemühung die Leichtigkeit geben, die wir brauchen, um lebendig zu bleiben und unnötige Vitalitätsvergeudung zu vermindern.

Wie ist eine gesunde, unwillkürliche Atmung? Sie ist gleichmäßig und bewegt sich wie die Wellen des Ozeans. Die Luft fließt heraus, es kommt zu einer Wendezeit und dann strömt die Luft hinein, ebenfalls gefolgt von einer Wendezeit bis zur nächsten Ausatmung. Dieses »Aus und Ein« ist bemerkbar als ein »Ab und Auf« der Bauchdecke, wenn wir liegen, und als ein »Zurück und Vor«, wenn wir aufrecht sind. Es löst ein lockeres Befinden in der Gegend des Zwerchfells aus und geschieht unmerklich und ohne eigene Anstrengung. Deshalb hilft oft allein die gefühlte Berührung der oberen Bauchgegend, um diese Bewegung anzuregen.

Wie ist es nun bei den unwillkürlichen Bewegungen des Körpers? Um aufmerksam zu sein, um jemandem zuzuhören, um auf etwas zu horchen oder um eine leise Melodie aus der Ferne zu hören, muss nicht nur das Gehör ganz wach sein. Es braucht auch tiefe Konzentration und einen Geist frei von allen Ablenkungen. Bei solch genauer Zuwendung hin zu etwas oder jemandem werden wir alle unwillkürlich den Atem anhalten, als ob der eigene Atem die Aufmerksamkeit stören und die Luft- oder die Zwerchfellbewegung eine Ablenkung verursachen könnte. Wer achtsam hören will oder auf andere Weise und aus anderen Gründen sehr still werden möchte, wird die unwillkürlich für sich fließende Atmung unbewusst beeinflussen. Damit macht der Mensch in einer solchen Situation etwas, was er nicht machen muss, denn es liegt in seiner Macht, eine solche Beeinflussung zu unterlassen.

Eine solche nicht vorsätzlich geplante, unkontrollierte Reaktion kann manchmal hilfreich sein. Ein »Nicht-mal-mehr-Atmen« oder ein Innehalten des Atems kann durchaus eine gute Begleitung für eine subtile Konzentration sein. Es besteht aber erstens bei einem solchen Innehalten immer die Gefahr, dass die Nebenwirkung des verhaltenen Atems allmählich eher eine Störung als eine Begünstigung der Konzentration darstellt. Denn, wenn man sich verkrampft, indem man den Atem anhält, kann die Konzentration, welche erforderlich ist, um ganz still zu sein, nicht aufgebracht werden. Zweitens erfordert eine feinstoffliche Aufgabe wie die tiefe Konzentration der Wahrnehmung, eher mit der unwillkürlichen normalen Atmung zu gehen und nicht, diese unterbewusst zu beherrschen, sodass wir nicht mit zwei Aufgaben besetzt sind. Innezuhalten und zu horchen bedeutet nicht, den Atem anzuhalten, sondern ihn ganz still sein zu lassen. Über die Atmung und ihr Mitwirken bei der Bemühung, sich zu konzentrieren und bewusst zu werden, erhalten wir die Fähigkeit, sie als unwillkürliche Funktion in ihrer Natürlichkeit zu belassen und tiefer in die Achtsamkeit zu kommen.

WAS IST PRĀṆĀYĀMA?

Die Atmung ist eng mit unserem Geist verbunden. Jede Nuance einer Veränderung im Geist, etwa durch Schmerz, Angst, Euphorie, Unruhe, Aufgeregtheit, Nervosität, Müdigkeit und sämtliche weiteren Empfindungen, schlagen sich im Atem nieder und werden im Atem erkennbar. Der Atem ist sozusagen eine Nachbildung der Stimmung des Geistes. An der Atmung kann man sehr gut den Zustand des Geistes ablesen. Deshalb wird, wenn wir ruhig atmen, der Geist ruhig. Wir erleben das beim Einschlafen oder dann, wenn wir aus großer Hektik herauskommen oder meditativ still werden wollen. Da wir über den Atem den Geist und den geistigen Zustand beeinflussen können, ist es lohnend, mit dem Atem gut umgehen und ihn bewusst lenken zu können.

Den Fluss der normalen Atmung in seiner Qualität zu verändern und zu beherrschen, das ist *Prāṇāyāma*, sagt *Yogasūtra* 2.49:

तस्मिनसति श्वासप्रश्वासयोर्गतिविच्छेदः प्राणायामः

tasminsati śvāsapraśvāsayorgativicchedaḥ prāṇāyāmaḥ

Wenn der Fluss des üblichen Atems – unter der Voraussetzung einer guten Körperhaltung – ausgedehnt wird, dann ist das Prāṇāyāma, die Atemtechnik des Yoga.

Man liegt im Bett und kann nicht schlafen, während der Atem unruhig und dem Geist ausgeliefert ist. Wenn man bewusst beginnt, langsam und tief zu atmen, beeinflusst die Atmung den Geist. Der Atem wird kontrolliert, um den Geist zu beeinflussen, und nicht andersherum – das ist *Prāṇāyāma*. Hier wird eine ganz spezielle Beziehung zur eigenen Atmung aufgebaut, im Sinne von »Komm Freund, lass uns gemeinsam den Geist ein wenig bändigen«. Es ist die direkteste Methode, Schlaflosigkeit, Ängstlichkeit, Sorge oder Unruhe anzugehen, und bringt rasche Veränderung, wenn man sie kennt.

DIE ÜBUNG DES PRĀṆĀYĀMA

Es gibt drei Phasen bei der normalen Atmung: die Ausatmung, die Einatmung und die dazwischenliegende Wendezeit, die natürliche Pause.

Das *Yogasūtra* 2.50 definiert *Prāṇāyāma* so:

बाह्याभ्यन्तरस्थम्भवृत्तिर्देशकालसन्ख्याभिः
परिदृष्टो दीर्घसूक्ष्मः

bāhyābhyantarasthambhavṛttirdeśakālasaṁkhyābhiḥ
paridṛṣṭo dīrghasūkṣmaḥ

Prāṇāyāma, die Atemtechnik, wird geübt mit umsichtigem Einfühlen auf die Ausatmung, die Einatmung und das Anhalten, die Körpergegend, in der sich die Atmung abspielt, die Länge von jedem Teil des Atems und auf die Anzahl der Atemzüge. Dabei wird der Atem lang und zugleich sanft geführt.

Die Reihenfolge bei den Atemphasen

Die Ausatmung ist das A und O der Atmung. Wenn der Atem Schwierigkeiten bereitet, fehlt es an der Ausatmungsfähigkeit. Solange ein Luftstau da ist, solange das Zwerchfell nicht bereit ist, sich zu weiten, kann keine neue Luft eingesogen werden. Erst muss also geübt werden, dass eine gewisse Leere da ist, bevor Luft empfangen werden kann. Wenn die Ausatmungsfähigkeit vorhanden ist, kann die Einatmung geübt werden. Alles andere ist physikalisch verkehrt und mittelfristig ungesund. »Atme tief ein« oder »Hole tief Luft« ist deshalb oft ein irrationaler Vorschlag, weil sich etwas nicht füllen kann, wenn es bereits voll ist; wir müssen zuerst entleeren, sprich ausatmen, bevor wir einatmen können. Nur wer gelernt hat, langsam auszuatmen, wird wirklich auch das langsame Einatmen lernen können. Der erste Schritt bei *Prāṇāyāma* ist deshalb die Verlangsamung und Vertiefung der Ausatmung.

Die zwei Qualitäten der Ausatmung – dīrgha (langsam) und sūkṣma (gleichmässig)

Die Folgen einer körperlichen Anstrengung, zum Beispiel wenn wir einen schweren Rucksack einen Berg hochtragen, sind deutlich spürbar und voraussehbar. Bei der Übung mit dem feinstofflichen Atem kann jedoch nicht gleich im Voraus eingeschätzt werden, was passieren wird, wenn er in einer bestimmten Weise beherrscht wird. Fehlerhaftes Üben kann Folgen haben, die nicht gleich spürbar sind. Daher muss das Kontrollieren der Atmung sehr fein und subtil sein. Grobes Pressen oder Zwingen passt gar nicht zu einer feinen, gleichmäßigen Atemübung. Es wird deshalb zuerst geübt, die Ausatmung betont langsam *(dīrgha)* und gleichmäßig *(sūkṣma)* zu führen. Sobald das erlernt ist, wird geübt, die Einatmung ebenso langsam und gleichmäßig einströmen zu lassen. Wir zügeln den Atem also auf eine angemessene Weise, damit er lang und die Luftbewegung gleichmäßig wird.

Wenn wir beginnen, den Atem zu zähmen, muss die Aufmerksamkeit bei der Luftbewegung sein und die Gedanken dürfen nicht hin und her treiben. Da der Atem tief in unser System hineinwirkt, dürfen Übungen mit dem Atem nicht nebensächlich ausgeführt werden und von Ablenkungen begleitet sein. Ansonsten laufen wir Gefahr, dass wir den *Prāṇa*-Haushalt und damit mehrere vegetative Funktionen des Körpers in Bedrängnis bringen, was sich auf die Gesundheit negativ auswirken kann. Je bedächtiger, feiner oder langsamer wir den Atem führen, desto wichtiger wird es, dass die Gedanken sich auf einen Punkt konzentrieren *(deśa)*, sei es die Körperstelle, an welcher die Luftbewegung modelliert wird, sei es ein Körperpunkt, der bei der Atmung eine wirksame Rolle spielt, oder eine Idee zur Qualität des Atemflusses. Die beste Art, sich bei *Prāṇāyāma* zu konzentrieren, ist, mit dem gesamten Hör- und Tastsinn ganz bei der Luftbewegung zu sein und zu unterstützen, dass der Luftstrom langsam und gleichmäßig fließt.

Die Zeit als Kriterium bei der Atemübung – Kāla (Länge) und Saṃkhyā (Anzahl)

Beim Genuss von Musik spielt der Rhythmus eine wichtige Rolle. Bei der ästhetischen Erfahrung einer Melodie ist die Zeit wichtig, denn erst der wiederkehrende Rhythmus gibt der Musik Tiefe. Auch bei Atemübungen ist es wichtig, dass es einen Rhythmus unter den Atemzügen gibt. Die aufeinanderfolgenden Atemzüge sollten eine ähnliche Länge haben. Die Länge der einzelnen Atemphasen *(Kāla)* sollte sich von Atemzug zu Atemzug nicht beliebig ändern. Nur so können wir sichergehen, dass die kontrollierte Führung des Atems nicht mit einer Unterdrückung des Atems oder des Geistes einhergeht. Auch wichtig ist, dass wir nicht nur einen Atemzug oder zwei Atemzüge beherrscht lenken, sondern mehrere hintereinander. Allein das garantiert, dass wir die Führung des Atems gelassen beherrschen. Wenn uns das nicht gelingt, ist es ein Hinweis darauf, dass wir beim Üben unsere Grenze überschreiten und Körperorgane oder Muskeln, die eine sehr subtile Arbeit bei der Atmung leisten, nachteilig verspannen. Deshalb ist auch die Anzahl der Atemzüge *(Saṃkhyā)* ein wichtiges Kennzeichen einer gut geführten Atemübung. Außerdem wird erst bei wiederholt gleichmäßig und gleich lang geführten Atemzügen *Prāṇa* auch wirklich in einen vertieften und gleichmäßigen Bewegungsfluss gebracht.

Im Gegensatz zu kurzeitigen Hochleistungen geben Ausdauersportarten dem Körper mehr Festigkeit und Widerstandsfähigkeit. Für das Nervensystem des Körpers sind sie von größerer Bedeutung. Etwas ähnlich ist es bei den Atemübungen. Ein einziger sehr langer Atemzug ist, wie an einem Tag mehrere Kilometer zu laufen, um dann die folgenden Tage wieder auf einem Bürostuhl zu verharren. Dies trägt nicht zur Stabilisierung des Systems bei. Sich für ein oder zwei Atemzüge lang und intensiv zu dehnen, kann sich gut anfühlen, aber richtig ist, mehrere Atemzüge am Stück auf eine angemessene Weise zu verlangsamen *(Saṃkhyā)*. Erst wenn wir das können, haben wir wirklich den Atem geübt. Ansonsten haben wir lediglich die Willenskraft geprüft, um zu sehen, wie weit wir unseren Atem kontrollieren können. Erst wenn wir mehrere Atemzüge beherrscht und bewusst führen, wird *Prāṇa* in seiner Einflusskraft auf das Körpersystem gestärkt.

Die drei Phasen der Atmung – die Ausatmung

Das Ausatmen ist eine der ersten Tätigkeiten, die von uns ausgehen. Falls wir das als Baby nicht gemacht haben, haben uns die Mütter oder die Hebammen den Bauch massiert, um die notwendigen Muskeln zu aktivieren, sodass wir ausatmeten. Wir atmen die Luft aus, um dann Luft empfangen zu können. Das ist ein Rhythmus zwischen Tun und Lassen, Aktiv- und Passivsein, Geben und Empfangen, der die Atmung zu einer fast metaphysischen Tätigkeit macht. Hier spielt die achtsame Ausatmung eine führende Rolle.

Die langsame Ausatmung ist eine Übung für die Atemorgane. Es wirkt wie Dehnungen und Streckungen für den Körper, die dessen Müdigkeit und Trägheit austreiben und das Gefühl der Frische geben. Mit der langsamen Bewegung der Ausatmung wird das Zwerchfell, dieses komplexe Gewebe in der Mitte unseres Rumpfes, trainiert. Die langsame Ausatmung ist für das Zwerchfell eine wesentliche Übung und dient dazu, es zu entspannen, zu besänftigen, zu strecken und dabei seine Dehnbarkeit zu fördern. Denn es ist die Verkrampfung im Zwerchfell, welche zu allen möglichen Atemproblemen führen kann. Das Zwerchfell können wir dadurch trainieren, dass wir langsam ausatmen. Wenn wir gemütlich gehen, sprechen oder entspannende Musik hören, macht dies etwas mit uns. In ähnlicher Weise macht es etwas mit uns, wenn wir ganz langsam und entspannt ausatmen. Mithilfe der entspannen Bauchdecke lässt sich langsam und ruhig ausatmen. Um aber wirklich vollständig auszuatmen – etwas, was unermesslich wichtiger für unsere Gesundheit ist als das Gefühl der Atemfülle –, müssen wir aktiv werden. Je langsamer wir vom ersten Moment an ausatmen, desto länger – und daher desto leerer – werden wir bei der Ausatmung. Als Analogie kann man hier ein langes Schreien und einen kurzen Aufschrei in ihrer jeweiligen Wirkung vergleichen. Um wirklich durchgehend und aktiv die Ausatmung zu gestalten, sodass sie in dieser Weise eine optimale Länge und Qualität erreicht, müssen wir die Bauchdecke kontrollieren. Überhaupt ist der Bauch wie ein Brunnen für alle körperliche Aktivitäten. Aus ihm stammen die Kraft und die Ausdauer, die jede Art von Anstrengung erfordert. Wer seinen Körper beherrscht, beherrscht auch den Bauch.

Die drei Phasen der Atmung – die Einatmung

Wenn die Ausatmung geschult ist, ist man bereit, die Luft ganz langsam in sich hineinströmen zu lassen. Dies braucht physische Geduld und die mentale Gewissheit, dass man vom Atem nicht verlassen wird. Um die Einatmung langsam und umfassend zu gestalten, sind Passivität (im positiven Sinne von ruhiger Empfangsbereitschaft), Geduld und Ausharrungsfähigkeit erforderlich. Der Geist begleitet den Luftstrom, der infolge der Leere in uns hineinwill, und der

Körper leistet den nötigen Widerstand, um ihn nach und nach zu empfangen und ihn dabei nur langsam gewähren zu lassen. Das erfordert eine möglichst passive Haltung, besonders am Anfang der Einatmung. Die aktive Gestaltung der Einatmung, um in ein Gefühl der Fülle zu kommen, ist erst in der späten Phase der Einatmung sinnvoll. Die Brust, und überhaupt der ganze obere Rumpf, ist die wichtige Körpergegend für die richtige Gestaltung der Einatmung.

Die Geduld und die Zuversicht gegenüber dem Atem, die man bei der Einatmung schulen kann, helfen, in der richtigen Weise den Atem anzuhalten.

Die drei Phasen der Atmung – das Halten des Atems

Wichtig für ein Verständnis des Atems ist, die Wendepause zu beherzigen, die zwischen jeder Aus- und Einatmung liegt. Sie gehört ganz natürlich zur Atmung dazu. Der Atemzyklus ist wie eine Ellipse, er hat keine »kantigen Ecken«. Allein dann, wenn wir aus Atemnot hecheln, verlieren wir diese Pause. Zur ganzheitlichen Übung der Atmung gehört es dazu, sich in der Beherrschung dieser Pausen zu üben. Die Luft- und die Gedankenbewegung bilden dabei sozusagen ein Tandem. Die Pausen helfen, des Denkens und der Stille zwischen den Gedanken besser gewahr zu werden.

Die zwei Arten von Pausen, die eine nach der Ausatmung und die andere nach der Einatmung, fordern uns unterschiedlich. Im einen Fall halten wir die Leere aus, im anderen behalten wir die Fülle bei. Wenn wir uns am Zentrum unserer Kraft, nämlich dem Bauch, orientieren, können wir die zähe, aber subtile Kraft aufbringen, die Atemleere zu halten. Wenn wir uns an der Weite der Brustgegend und damit an unserem »Ich« orientieren, können wir die beharrliche Geduld aufbringen, um die Erfüllung zu behalten.

Da wir beim Halten des Atems auch *Prāṇa* verhalten, ist wichtig, dass hier der Körper die Stille wahrt, die aus einem guten *Āsana* entsteht, der Geist frei von Aktivität bleibt sowie die Pupillen ohne Ablenkung stillstehen. Das unterstützt, dass wir beim Halten nichts machen, was die natürlichen Bedürfnisse des Körpers unterdrückt.

Die Atemstille ist wie die Erfahrung eines Fallens in die Tiefe, einer geistigen Vertiefung, die uns nicht in der Dunkelheit zurücklässt.

Die letzte Art der Atmung – die sogenannte Vierte

Im *Yogasūtra* 2.51 heißt es:

बाह्याभ्यन्तरविषयाक्षेपी चतुर्थः

bāhyābhyantaraviṣayākṣepī caturthaḥ

Bei der vierten Art von Prāṇāyāma *sind Aus- und Einatmung und das Anhalten kein Thema mehr, sie geschehen von allein.*

Während des Haltens der Atmung nach der Aus- oder Einatmung ist man noch immer mit der Atmung oder mit dem Halten des Atems beschäftigt, da man bemüht ist, dass die Luft nicht aus- oder einströmt. Es ist eine weitere Übung möglich, bei der man so still werden kann (nicht im Sinne von Innehalten, sondern von Innig-Sein), dass alles, einschließlich der Atmung, so vor uns geschieht, dass wir es sehen und spüren, als wäre es vor oder außerhalb von uns. Das ist viel mehr als die Atmung beim Schlafen oder bei einer alltäglichen Situation, die von alleine ruhig geschieht. Es ist nicht dasselbe, wie einfach dazusitzen, den Atem loszulassen und sich auf irgendetwas anderes, etwa ein Bild oder die Stille, zu konzentrieren. Hier ist man ganz bei der Atmung, lässt aber dabei den Atem ohne die leisesten Anzeichen einer Einmischung unsererseits geschehen. Eine solche Atemqualität wird nur erreicht, wenn wir den Austausch der Luft und die Vibration im Zwerchfell auf das Minimalste reduziert haben, sodass die Atmung als Tätigkeit kaum noch vorhanden zu sein scheint. Das ist etwas, was wir nicht üben können, ohne eine gesunde und intensive Beziehung zum Atem zu haben, denn andernfalls werden wir die Atmung auf irgendeine problematische Weise unterdrücken. Deshalb ist diese Übung, auch wenn sie nur die minimalste Aktivität erfordert, komplex und subtil. Wir können sie erst üben, wenn wir gelernt haben, die drei Phasen der Atmung zu beherrschen. Hier ist man bei der Atmung und beherrscht sie dennoch nicht.

Durch die Atembewegung strömt Luft aus dem Körper heraus und vom Außen wieder zurück, das Außen und das Selbst kommen zusammen, das Gefühl einer Grenze geht im Bewusstsein zurück. Das ist ein Moment, in dem der eigene Wille kaum noch Bedeutung hat. Das öffnet die Tür für die Übung der Meditation.

DIE WIRKUNG VON PRĀṆĀYĀMA

Wir Menschen können nervös, ängstlich oder hastig sein und dadurch in Verwirrung geraten. Es gibt aber im Geist tiefer liegende Schleier wie die Müdigkeit, Trägheit oder Dunkelheit. Diese werden nur durch eine tiefgreifend invasive Methode vermindert. Genau hierbei ist *Prāṇāyāma* wirksam. Dadurch werden wir fähig zur Konzentration.

Das besagen *Yogasūtra* 2.52 und das *Yogasūtra* 2.53:

ततः क्षीयते प्रकाशावरणम्

tataḥ kṣīyate prakāśāvaraṇam

Dadurch wird der Schleier um den Kern unseres Selbst durchsichtig.

धारणासु च योग्यता मनसः

dhāraṇāsu ca yogyatā manasaḥ

Und der Geist wird fähig zur Konzentration.

Bei *Prāṇāyāma* braucht es sehr wohl Willenskraft, doch mit dem Ziel, dabei immer mehr vom aktiven Beeinflussen zum passiven Zulassen zu kommen. Bei der Ausatmung geschieht die Beeinflussung auf eine aktive, gesunde und gelassene Art und bei der Einatmung auf eine passive, zuversichtliche und in Gelassenheit gegründete Art. Letzteres zu üben schult uns für die Meditation.

Wer *Prāṇa* beherrscht, überwindet den Tod, heißt es in vielen Yogatexten. Leben zu verlieren heißt, seinen Puls, *Prāṇa*, zu verlieren. Der Atem ist unser engster, intimster Freund und *Prāṇa* ist sein Zuhause. Er wird uns sicherlich Schutz vor der Angst vor dem Tod gewähren.

5. *Pratyāhāra*

DIE ELF SINNESORGANE

Nach dem Körperverständnis des Yoga verfügen wir über elf Sinne. Das sind zunächst die fünf uns bekannten Sinnesorgane: die Ohren, die Haut (vor allem die Handflächen), die Augen, die Zunge und die Nase. Im Yoga sprechen wir von elf, also sechs weiteren Sinnesorganen. Das Synonym für das Wort »Sinnesorgan« in Sanskrit ist *Indriya*; es bezeichnet das, was uns die Macht gibt, uns in Beziehung zu einem Gegenüber zu setzen. Das Hören, das Tasten, das Sehen, das Schmecken und das Riechen helfen uns, die Welt, die vor uns liegt, zu erkunden und zu ihr in Beziehung zu treten.

Es gibt aber gleichwertig dazu wichtige Organe für das In-Beziehung-Treten mit der Welt. Gemeint sind damit fünf weitere Organe, die durch ihre Tätigkeit unsere Kommunikation voranbringen, nämlich das Sprechorgan, die Hände, die Füße, der Anus und die Genitalien. Dies mag zunächst eine eher fremde Zusammenstellung für unser modernes Verständnis sein, aber sie ist begründbar. Diese Fünf sind ebenfalls für die Ermittlung und Erkundung der Welt wichtig. Kommunikation und Beziehungsbildung geschieht über das Sprechen, über das Formen mit den Händen, mit der Bewegung und der Fortbewegung dank der Füße, mit dem Essen und Ausscheiden und letztlich auch über den sexuellen Austausch. Diese Fünf sind also in der Welt der Wahrnehmung absolut wichtige Organe. Sie liefern uns Kenntnisse, die die passiven Sinnesorgane nicht vermitteln können. Eine Korrektur von Fehlinformationen in unserer Seele kann nur dann tiefgreifend sein, wenn auch diese Wahrnehmungsorgane als wichtige Teile bei Störungen oder bei der Heilung berücksichtigt werden.

Falls man sich fragt, warum nach diesem Verständnis beim Reiz in Verbindung mit dem Essen nicht die Zunge, sondern der Anus genannt ist, ist hier die Antwort: Für das Essen als Funktion spielt die Zunge eine wichtige, aber untergeordnete Rolle. Sie ist für die Nahrungsaufnahme wie eine Art Sieb oder Filter, in etwa so wie die Augenlider für das Sehen. Sie lässt möglichst nur das Passende, Schmackhafte hinein. Es sind aber die Reize aus dem Darm, die das Bedürfnis, etwas zu essen, auslösen. Und es ist die Ausscheidung aus dem Anus, worüber viele Lebewesen ihr ursprüngliches Wissen darüber erhalten, wie sie und was sie essen.

Zusammen wirken diese zehn Organe wie Tore der Kommunikation; fünf von ihnen sind eher grobstofflich und unterstehen der Willkür, während die anderen subtilen fünf Sinnesorgane sich eher der Willkür widersetzen und kaum eine Beherrschungsmöglichkeit bieten.

In der *Sāṃkhya*-Yogatradition gibt es noch ein weiteres Organ, das zu den *Indriyas* zählt, nämlich das, was *Manas* genannt wird und vor allem unsere Erinnerungsquelle meint. In der modernen digitalen Welt kann dies als Informationsspeicher bezeichnet werden, in dem alles, was erfahren wird, als Gedächtnis gespeichert bleibt. *Manas* hilft Dinge wahrzunehmen, anders aber als die übrigen zehn Organe auch dann, wenn diese Dinge nicht im reellen Umfeld gegenwärtig vorhanden sind. Entsprechend ist *Manas* die Basis für die Assoziation, damit erinnert werden kann.

PRATYĀHĀRA, EIN SELTEN GENANNTES ÜBUNGSGLIED

Die Definition von *Pratyāhāra* im *Yogasūtra* 2.54 ist:

स्वविषयासंप्रयोगे चित्तस्य स्वरूपानुकारैवेन्द्रियाणां प्रत्याहारः

svaviṣayāsaṃprayoge cittasya svarūpānukāraivendriyāṇāṃ pratyāhāraḥ

Wenn die Sinne nicht allzu leicht von äußeren Objekten gelenkt werden und deren Form präsentieren, gewinnt das Innenleben an Kraft.

Im Schema der acht *Aṅgas* ist *Pratyāhāra* das fünfte Glied und damit das letzte, das mit den greifbaren physischen Organen geübt werden kann. Die noch folgenden drei sind die feinstofflichen, sogenannten »inneren« Glieder. Bei den fünf grobstofflichen Gliedern geht es um unser Umfeld, um unser persönliches Leben, um den Körper, die Sinnesorgane und um den feinstofflichen Atem. Das vierte Glied, *Prāṇāyāma*, bei dem es um Atemübungen geht, führt direkt zu den letzten drei inneren Gliedern; es müsste in der Aufreihung eigentlich an der fünften Stelle, nach *Pratyāhāra,* kommen. *Pratyāhāra* steht jedoch an der fünften Stelle, weil es durch die Atemübungen gut vorbereitet wird. Ferner ist es komplexer, die eigenen Sinne zu lenken, als den Atem. Alle zehn Sinnesorgane werden von *Prāṇa* beherrscht und beeinflusst. Die Übungen des *Prāṇāyāma* sind eine wichtige Vorbereitung, um das Bewusstsein für *Prāṇa* erst einmal zu schärfen, sodass überhaupt eine Beherrschung über die Sinne möglich wird.

Pratyāhāra lässt sich wörtlich als die Abwendung von Nahrung *(Āhāra)* übersetzen. Bilder sind Nahrung für die Augen und Klänge sind Nahrung für die Ohren. Auch das Bedürfnis nach Mitteilung kann man als Nahrung für die Sprachfähigkeit, die sexuelle Anziehung als Nahrung für die Genitalien verstehen; Gleiches gilt bei Speisen für den Darm und bei der mentalen Assoziation für *Manas*. Diese Organe agieren, sobald die jeweilige Nahrung vorhanden ist, wobei die handlungsorientierten fünf Organe mehr unter dem Einfluss der Willkür stehen. Diese lineare Beziehung der zehn Organe zuzüglich *Manas* mit ihrer jeweiligen »Nahrung« zu erkennen ist ein erster Schritt dahin, dieses Übungsglied des *Aṣṭāṅgayoga* zu verstehen.

EINE HILFREICHE GRUNDERKENNTNIS

Wenn man nicht redet, obwohl eine Redebedürfnis da wäre, oder es wird Watte in die Ohren gesteckt, um den Ohren die Nahrung zu entziehen, wird die Nahrungszufuhr für diese Organe unterbrochen. Es wird verhindert, dass Nahrung zu diesen Organen gelangt und diese dadurch genährt werden. In dieser Art der Handhabung, bei der die Sinne geschlossen oder gar unterdrückt werden, sprich deren Wirksamkeit gekappt wird, liegt nicht die Lösung. Denn, was nützt uns die Schweigsamkeit, wenn in uns die Worte wallen? Was haben wir vom Zölibat, wenn sexuelle Reize uns heimsuchen, oder vom Fasten, wenn wir unbewusst nur dessen Ende abwarten? Was bringt uns das langfristig, wenn wir die Augen oder die Ohren für eine Weile fest schließen, hinterher aber den Reizen gegenüber empfindlicher werden?

Das Hören zu unterbinden, Informationen zu verdrängen oder die Sinne zu versperren wäre reine Abwehr und würde unsere innere Abneigung lediglich stärken. Die Sinne sind nicht beherrschbar, denn sie sind stark verbunden mit dem elften Sinn, dem *Manas*. Bei *Pratyāhāra* geht es eher darum, neutral zu bleiben und sich in Gelassenheit gegenüber den Reizen zu üben.

Welchen äußeren Reizen und welchen inneren Reaktionen sich die zehn Organe – Füße, Hände, Zunge, Genitalien, Verdauungsorgane, Augen, Ohren, Nase, Haut oder Mund – ergeben, ist nicht ganz außerhalb unserer Kontrolle. Wir können mit Gier, Abwehr oder Gelassenheit auf einen Sinnesreiz reagieren. Hier die Gelassenheit als Erwiderung zu üben ist in Bezug auf alle zehn Sinnesorgane möglich.

Wie ist es möglich, dass wir die Sinne, ohne sie anzuregen oder sie in Aktivität zu versetzen, völlig ruhig belassen?

Grundsätzlich geschehen zwei wesentliche Dinge, wenn wir über die zehn Organe Informationen erhalten. Versuchen wir es am Beispiel des Geruchssinns zu verstehen: Bei Wohlgeruch blähen sich die Nasenflügel auf, während sie sich bei schlechtem Geruch zusammenziehen. Das ist ein üblicher biologischer Impuls. Waren sie einen Moment vor der Wahrnehmung des Geruchs neutral, stehen sie jetzt unter dem Einfluss unseres Geistes. War die Nase vorher wie ein offenes Tor, durch das der Geruch einströmt, ist sie nun physisch nicht mehr neutral, sondern verbleibt in einem reaktiven Geweitet-Sein oder Verengt-Sein. Wenn wir jedoch nicht auf die Information reagieren, bleibt auch die Nase weiterhin das offene Tor, durch die Geruch hineingehen kann, wenn es sein muss; sie widersteht damit aber der Aufdringlichkeit des Geistes.

So versucht man zum Beispiel in einem Fall die Ohren zu spitzen, da man genau hören will, was geflüstert wird. In einem anderen Fall wird man die Ohren schließen wollen, wenn ein Geräusch grässlich ist und man es nicht hören will. In beiden Situationen ist man »am Ohr«, also mit den Ohren auf eine gewisse Art und Weise aktiv, und steht in einer Reaktion zum Impuls, der von außen kommt. Um nicht zu reagieren, braucht es eine Schulung. Die Ohren sind da als Organ, sie registrieren das Geräusch und vermitteln die Information. Der Geist bekommt diese Information mit, doch die Ohren reagieren in diesem Fall mehr als einfache Muskeln, Gewebe und Organ. Sie nehmen physisch die Angeregtheit auf. Hier kommt die Aufgabe der subtilen Achtsamkeit, *Pratyāhāra*, ins Spiel, um die Ohren auch im Umfeld von Reizen locker und gelassen zu belassen.

Bei den zehn Organen handelt es sich auch um Muskelgewebe. Deshalb gehört *Pratyāhāra* zu den äußeren Gliedern des Yoga.

WIE ÜBT MAN DIE NEUTRALITÄT DER SINNE?

Die neutrale Haltung

Als Beispiel für das Erlernen einer neutralen Haltung können wir die Anstrengung beim Sehen nehmen. Wenn man lesen will und die Augen machen einem dabei Mühe, ist das, was man wirklich tun muss, die Augen völlig ruhig werden zu lassen; wir sollten das Tempo des Lesens drosseln und versuchen zu lesen wie ein Anfänger oder ein Analphabet – Buchstabe für Buchstabe. Dann funktioniert Lesen als ein ruhiges Schauen. Neutral kann man auch bei der Wahrnehmung von Gerüchen bleiben. Mit einer neutralen Haltung kann man auch neutraler gegenüber Impulsen bleiben, die uns begegnen. Wenn wir dann etwa den Duft einer Blume in die Nase bekommen, können wir ihn neutral und mit offenen Nasenflügeln empfangen und ihn somit auch optimal genießen. Der Duft ist dazu bestimmt, durch das passive Einatmen in uns hineinzuströmen, wir lassen das lediglich zu. Wenn man neutral gegenüber jeglichem Geräusch sein will, gelingt dies weder dadurch, dass wir uns Watte in die Ohren stopfen, noch dadurch, dass wir die Ohren spitzen, sondern indem wir ganz locker und still bleiben und die Ohren sein lassen. So kommt ein Moment, in dem dem Ohr keine Nahrung mehr aufgezwungen bzw. nichts mehr hineingelassen wird. Sobald man das Gewebe anspannt, also aktiv etwas macht, gibt man ihm damit Nahrung. Für eine neutrale Haltung geht es darum, alles ganz ruhig sein zu lassen, wie bei einem schlafenden Kind oder einem schlafenden Tiger. Dies ist eine Kunst, die im Bereich unserer willkürlichen Funktionen liegt. Je weniger wir die Sinne manipulieren, den Reizen zu folgen, desto näher sind wir dran, sie für eine Weile auch schlafen zu legen.

Traṭaka

Eine Übung des Yoga ist *Trāṭaka*. Dabei schaut man aus einer gewissen Entfernung auf ein Objekt mit der Intention, nicht zu blinzeln. So lernt man, die Augenmuskeln ruhig zu halten. Das Auge füllt sich mit Wasser, da keine Bewegung da ist. Trotz der Tränen bleibt man still, ohne Regung und Reaktion. Es geht also darum, ohne zu denken auf das Bild vor sich zu schauen, einfach nur still bleiben. Es ist keine Konzentration auf ein Bild, welches man anstarrt; es geht lediglich um das Üben, dass die Augen still bleiben, ohne Regung. Wenn die Augen so still werden sollen, dürfen sich die Augenmuskeln weder weiten, noch dürfen wir sie zusammenkneifen. Diese Stille kann mit allen anderen zehn Organen ebenfalls so geübt werden. Hierfür braucht man nicht die Yogamatte, sondern die diversesten Situationen unseres Alltags können zu Übungsfeldern werden. Es ist jedoch durchaus sinnvoll, dies auch auf der Matte zu üben, da man durch *Āsana* und *Prāṇāyāma* vorbereitet ist, diese Qualität zu üben.

Eine makellose Hörfähigkeit – und damit Konzentrationsfähigkeit – ist die Voraussetzung für die Fähigkeit zur Meditation. Die Praxis, Mantras zu rezitieren, hat auch damit zu tun, dass man dabei lernt zu hören, denn das Hören ist die wichtigste und subtilste Konzentrationsfähigkeit, die wir haben. Das Ohr gilt als das subtilste aller Sinnesorgane. Über das Hören, das genaue Hinhören, kann die Konzentration geschult werden und damit die Meditationsfähigkeit.

Generell existiert ein Konflikt zwischen

- dem, was für uns möglich ist,
- dem, was für uns sinnvoll ist,
- und dem, wofür wir nichts können.

Wir müssen die Frage stellen, ob wir die Dinge, die wir wahrnehmen, auch wirklich so gewollt haben, bevor wir zur Meditation übergehen können. Es ist notwendig, dem Geist eine Grenze zu zeigen, sodass er sich innerhalb dieser Grenze zu bewegen lernt – ansonsten wird auch die Meditation sehr schwierig für uns sein.

In einer Psychose ist das Problem, dass die Trennung zwischen dem Objekt und dem »Ich« nicht klar ist. Wie kultivieren wir die Objektivität? Kommen wir zunächst zum Punkt, an dem Objekt und Subjekt zusammenkommen:

1. Erst bekommen wir ein Bild vom Objekt.
2. Dann wollen wir über das Objekt verfügen, es besitzen.
3. Danach sehen wir uns als ein Teil dieses Objektes oder das Objekt als einen Teil von uns an.

Wenn wir ein Objekt in einem Schaufenster sehen, werden wir es womöglich kaufen wollen, während wir in einem Museum dessen ruhiger Betrachter sein können. Objekte können unterschiedlich in unser Bewusstsein hineindrängen und auf uns einwirken. Wenn wir das Objekt nicht von uns trennen, sind wir dem Objekt unterlegen und es kann uns beherrschen. Wenn wir hier unseren Willen oder die Fähigkeit zur Objektivität leugnen, unterwerfen wir uns dem Objekt und geben den Eigenwillen auf.

Gleichzeitig aber nehmen wir – aus der Sicht des Yoga – die Welt im Alltag nur subjektiv wahr. Wenn wir auf etwas Bestimmtes erpicht sind, werden wir nur das finden, was wir suchen. Betreten wir einen Raum mit einer Tafel, die gedeckt ist mit Speisen, werden wir diese sofort wahrnehmen, wenn wir hungrig sind, oder sie möglicherweise übersehen, wenn wir gar keinen Hunger haben. Wir nehmen hauptsächlich das wahr, was in unser Schema passt. Die Welt, so wie wir sie wahrnehmen, ist immer auch das Produkt unserer Wahrnehmung. Der Prozess des *Pratyāhāra*, und mit ihm der Weg zur Selbsterkenntnis, beginnt da, wo wir unsere selektive Wahrnehmung durchschauen und ihr deshalb auch nicht unterliegen. Die objektive und neutrale Wahrnehmung respektiert den Abstand zum Objekt und nimmt die darin enthaltene Subjektivität an. Das mag in der Entwicklung der Wissenschaft der letzten Jahrhunderte größtenteils geleugnet worden sein, für den Weg in die eigene Seele ist das aber unabdingbar.

DIE VOLLENDUNG DER ÜBUNG

Wenn wir die Sinnesöffnungen ruhig belassen, ohne sie zu verriegeln oder zu überspannen, wenn wir alles, was Eindruck ist, als schwirrende Information belassen können, sind die Sinnesorgane wie durchlässige Tore, die eine Symbiose des Außen und des Innen zulassen. Dann kann sowohl die starke Ich-Gebundenheit als auch die unterschwellige Gegnerschaft zum Außen zurückgehen, sodass eine wahre Kommunikation stattfinden kann. Die Klänge im Außen können dann auch aus dem Innen kommende Töne sein, die Worte im Innen auch im Einklang stehen zu denen draußen, die zum Ausdruck gebracht werden wollen. Das sagt *Yogasūtra* 2.55 auf diese klare Weise:

ततः परमावश्यतेन्द्रियाणाम्

tataḥ paramāvaśyatā indriyāṇām

So kommen die Sinne unter den größten Bann.

6. *Dhāraṇā*

WAS IST MEDITATION?

Es gibt sehr viele Betrachtungen darüber, was Meditation ist, was dazugehört, wie man richtig meditiert und was überhaupt mit Meditation gemeint ist.

Da gibt es die ungenaue, eher verwässerte Beschreibung, die besagt, Meditation hieße vor allem, still zu sitzen, sich zu entspannen und vom Stress des Tuns wegzukommen. Das Stillsitzen und Sich-Entspannen, im wirklichen Sinne des In-Stille-Sitzens und des Unterlassens jeglicher Beschäftigungen, einschließlich der Bewegung der Hände, der Finger oder der Pupillen, ist aber schon eine ganz hohe Kunst der Meditation.

Für Jiddu Krishnamurti, den meisterhaft rebellischen Denker und scharfen Kritiker, war Meditation etwas, wofür es überhaupt keine Methode gibt. Für ihn ging es nicht nur darum, still zu sitzen und nichts zu tun, sondern still zu sitzen und in ein diszipliniertes Verweigern zu gehen. Das bedeutet, sich dem zu verweigern, in irgendeine Art von Assoziation verwickelt zu werden, sich mit irgendeinem Gedanken oder Bild, welches im Geist entsteht, zu verbinden, geschweige denn es zu benutzen.

In Meditationstechniken des Zen – insbesondere in manchen strengen Richtungen – geht es darum, in absolut beherrschter Stille zu sein und sich an nichts, aber auch gar nichts zu orientieren: Also kein Thema, nichts; und auch das Nichts nicht als einen Gegenstand zu betrachten, sondern in die Leere hineinzugehen.

Es gibt unzählige Formen der Meditation, so wie sie jeweils ein christlicher oder buddhistischer Mönch, ein indischer Asket, eine Mystikerin oder eine Dichterin dies verstehen und praktizieren wird; oder auch eine Bergsteigerin, ein Segler und ein Fischer haben ihre Form der Meditation. Es gibt viele Arten, wie man Meditation interpretieren und verstehen kann.

Im Yoga geht es letztendlich um Meditation und um nichts anderes. Wenn Yoga von Meditation spricht, so ist von drei Meditationsphasen die Rede. Um diese drei Phasen zu verstehen, beginnen wir mit einer beispielhaften Situation: Wir gehen in ein Konzert.

1. PHASE

Wir nehmen Platz und das Konzert beginnt. Wir lassen uns langsam auf die Stimmung ein, konzentrieren uns nach und nach auf die Musik, die Dunkelheit und die Stille im Raum, während die groben Ablenkungen zurückgleiten. Wir finden das Stück schön, wir möchten keinen Ton verpassen und lassen Ablenkungen nicht zu.

2. PHASE

Die Musik wirkt auf uns so, dass sie uns in eine Konzentrationsqualität hineinführt, die wir sonst nicht erreicht hätten. Unsere Kenntnis über das Stück spielt sich nicht im Kopf ab, sondern wir sind ganz Ohr.

3. PHASE

Probleme oder Schmerzen, die wir vielleicht haben, oder dass wir in einem Sessel umringt von anderen Menschen sitzen – all dies und die gesamten materiellen Umstände verschwinden aus unserer Wahrnehmung, als ob es sie gar nicht gäbe, sodass allein die Musik, die wir empfinden, für uns im Raum präsent ist.

Diese drei Phasen sind genau die, die in der Meditation passieren können, während wir still sitzen und auf unseren Atem achten, auf einen Klang lauschen oder einfach die Stille als Gegenüber im Bewusstsein behalten. Sie stellen die drei Phasen von *Dhāraṇā, Dhyānam* und *Samādhi* dar.

DHĀRAṆĀ, DIE TIEFE KONZENTRATION

Tiefe Konzentration ist nicht etwas, das selbstverständlich entsteht, wenn wir uns entspannen. Dahinter ist die Übung, unsere ganze Aufmerksamkeit auf das Konzentrationsobjekt oder das Gegenüber zu richten und ablenkenden Neigungen keinen unnötigen bis gar keinen Raum zu geben. Es ist *Dhāraṇā*, wenn wir zum Beispiel bei einem Gespräch dem Gegenüber unsere ganze Aufmerksamkeit widmen und versuchen, ganz konzentriert zuzuhören, was es sagt. Das geht nur dann, wenn uns die Worte des Gegenübers interessieren, wenn uns sein Thema packt. Wenn uns etwas in dieser Weise ergreift und wir die subtilen Geräusche des eigenen Geistes wiederholt bändigen, dann hält die Konzentration an.

Bewegtheit ist die wesentlichste Eigenschaft des Geistes. Die Gedanken werden nicht von alleine zur Ruhe kommen. Sie zu ignorieren und für sich sein zu lassen, während wir in entspannter Stille weilen, ist nur möglich, wenn der Geist schon konzentriert ist. Wenn wir in die Konzentration hineinkommen möchten, muss die Wahrnehmung kontinuierlich bei einem Thema gehalten werden. Die Konzentration braucht ein Zentrum, worauf sich die Wahrnehmung ausrichtet. Ohne ein solches Anbinden an ein Gegenüber gelingt die Konzentration nur in einem sehr ruhigen, still gewordenen Geist. Wir müssen an ein Thema geradezu gefesselt sein. Uns zu konzentrieren bedeutet, alle geistigen Empfindungen oder Tätigkeiten auf ein einziges Thema zufließen zu lassen. Das erfordert Arbeit und Übung.

Das *Yogasūtra* 3.1 definiert *Dhāraṇā* so:

देशबन्धश्चित्तस्य धारणा

deśabandhaś cittasya dhāraṇā

Die anhaltende Ausrichtung entsteht, wenn alle geistigen Aktivitäten an ein Thema gebunden bleiben.

DIE EIGENSCHAFTEN EINER MEDITATIVEN KONZENTRATION

Ist es meditative Konzentration, wenn wir wie gefesselt fernsehen, uns an einem Spiel beteiligen oder uns mit einem Smartphone beschäftigen? Die Antwort ist nein, weil diese Form der Fixiertheit von der Wahrnehmung nicht auf eine Weise zum nächsten Schritt der Meditation führen wird, dass unsere Einbildungen, Erwartungen und Erinnerungen zu schweigen beginnen und wir in eine völlig vorurteilslose und offene Betrachtung kommen.

Wenn wir im Zug sitzen, eine lange Reise vor uns haben und ruhig werden möchten, ist das Erste, was erforderlich wäre, alle Gedanken auf eine Sache zu bringen. Das kann eine Zeitung sein, die wir in die Hand nehmen; ein Thema, mit dem wir uns beschäftigen; die Landschaft, die wir durchs Fenster sehen; die eigene Atmung oder etwas anderes. Wenn wir dranbleiben, können wir eventuell ruhig werden. Doch diese Ruhe wird nicht die notwendige Tiefe, Stabilität oder Intensität haben, uns in einen Zustand großer Stille zu versetzen. Wenn uns das Thema fesselt und wir das Thema geschnappt haben wie ein Tier, das nicht loslassen will, was es sich geschnappt hat, tragen wir das Thema in uns. Ein solches »Tragen« heißt in Sanskrit *dhar*, aus dem das Wort Konzentration, *Dhāraṇā*, kommt. Wir tragen eine Wahrnehmung wie ein kostbares Etwas kontinuierlich für eine ganze Weile mit uns.

Ein Thema kontinuierlich für eine Weile im Geist »tragen« zu können, mit anderen Worten die Fähigkeit der Konzentration, genannt *Dhāraṇaśakti*, lässt sich nur durch mentale Disziplinierung der Wahrnehmung kultivieren. Dies ist essenziell im Leben, denn es allein bietet ein gutes Fundament für tiefe Ruhe. Sogar dem Schlaf muss ein fokussierter Geist vorausgehen.

Das Thema des Tragens kann man in der folgenden Situation buchstäblich nachempfinden. Ein Kind auf dem Arm zu tragen, das unentwegt schreit und beruhigt werden will, heißt, ganz bei der Empfindung des Kindes, ganz bei ihm zu sein, ohne Abschweifung. Wir müssen das Kind in Stille tragen, ohne Verdruss, weil es schreit und uns eine unangenehme Aufgabe beschert. Wir nehmen das Kind so an, wie es ist, und gleichzeitig haben wir in uns selber aber das Bild des schlafenden Kindes als Ausrichtung. Wir versuchen nicht nur, das Kind in den Schlaf zu wiegen, sondern auch selbst innerlich ruhig zu werden, bis der Schlaf eintritt. Und da lassen wir uns nicht ablenken von anderen Dingen, da wir die Seligkeit des Kindesschlafes lieb gewonnen haben. Ähnlich ist die Haltung, die uns die meditative Konzentration abverlangt: selbst ruhig und auf das Gegenüber konzentriert verweilen, bis die Stille einkehrt; nicht die Stille als einen Gegenstand einfordern oder zu erzwingen versuchen.

Wenn uns die Fähigkeit, uns zu fokussieren, fehlt und wir uns in eine Meditation zwingen, wobei jemand mit Worten und Diktaten auf uns einhämmert: »Werde still, werde still, mach das, lass los« etc., kommen wir nicht in diese meditative Konzentration, sondern in einen Zwang mit Nebenwirkungen. Die Stille ist nur selten ein wirksames Thema, worauf wir uns konzentrieren können.

Welche Themen bieten sich hier an? Das Leben fordert von uns oft, dass wir unablässig und ohne auszuweichen bei einem Thema bleiben, ob es das Schneiden von Gemüse ist, das Lesen, das Schreiben oder das Führen eines Gesprächs. Es sind im Alltag teilweise unverzichtbare Themen, bei denen dieses aufmerksame, kontinuierliche Dabeisein geübt werden kann. Aber nicht alle Themen, Aktivitäten oder Aufgaben, die unser Leben ausmachen, werden von uns geliebt und sind für unsere Fokussierung geeignet. Um in *Dhāraṇā* anzukommen, ist es unabdingbar, dass das gewählte Sujet uns anzieht und die Kraft besitzt, uns in seinen Bann zu ziehen. Im Yoga wird der Atem, in seiner Qualität eines ruhigen gleichmäßigen Flusses, der in unmittelbarer Beziehung zu den Bewegungen des Geistes steht, als ein ideales Thema betrachtet. Aber eine endlose Reihe von weiteren Themen haben die Kraft, uns und unsere Aufmerksamkeit zu fesseln. Hier möchte ich vier weitere nennen, die alle auf die Beschreibung von Meditation im *Yogasūtra* zurückgehen:

a) etwas Konkretes wie der Klang, den wir als schöne Melodie wahrnehmen;
b) ein bedeutsamer Körperpunkt, der uns fern von Ablenkung in der eigenen Leibhaftigkeit festhält;
c) ein selbstloses Gut wie das Mitempfinden, das in uns Hochachtung hervorruft;
d) ein extern wahrnehmbares Prinzip wie der Wandel, der sich am eigenen Gedankengang festmachen lässt.

Ob es mit einem solchen gewählten Thema ist oder durch alltägliche Aufgaben, die wir mit den genannten Qualitäten angehen, wenn wir diese *Dhāraṇaśakti* kultivieren, so sind wir schon auf der ersten Stufe der Meditation angelangt.

7. Dhyānam

KLANG ALS EIN URSPRUNG DER MEDITATION

Bei allen Instanzen, die auf Menschen Einfluss erhalten möchten, ob es gewaltige Organisationen sind wie die Religionen oder einzelne Eltern mit ihren Babys, spielt der Klang eine immense Rolle. Der Klang, ob er aus der Kehle eines Vogels oder aus einem Klangkörper kommt, überhaupt die Sprache und vor allem die Musik üben auf Menschen einen Einfluss aus, der mit fast nichts anderem vergleichbar ist. Die bereitwillige Zuwendung unserer Aufmerksamkeit auf den Klang ist ein Naturphänomen, das im Wesen des Klangs liegt. Deshalb spielen Klang, Musik und Mantras eine besondere Rolle in der Welt der Meditation. Sie vermögen, einen Fluss in der Konzentration entstehen zu lassen, der einerseits eine unablässige Anteilnahme, gleichzeitig aber auch große Gelassenheit erfordert. Die zweifelsfreie Zuneigung, zu der uns ein Klang führen kann, hilft dem Konzentrationsfluss und damit einem bedingungslosen Zuhören.

DIE VERTIEFUNG DER MEDITATIVEN KONZENTRATION

Nehmen wir wieder ein Beispiel: Wir lauschen in einer stillen Umgebung und in meditativer Konzentration einer Musik, die uns anzieht. Wir haben die Gedanken diszipliniert und halten die Ohren ganz auf die Musik gerichtet. Wir meinen, ganz bei der Musik zu sein. Die Musik aber hat ihre eigene Kraft, die sie auf uns ausübt. Wenn wir uns auf sie einlassen, wird sie ein Pfad für unsere Gedanken oder eine Brücke für unsere Wahrnehmungen. Diese werden dadurch weniger zerstreut und auf eine eigene, selbstständige Weise fokussiert. Aus einem »Ich bin gebannt in der Konzentration auf dich« wird ein »Wir sind in einem konzentrierten Dialog miteinander«.

Diese Dynamik spielt auch in der Liebe eine wichtige Rolle. Wer intensive Liebe für etwas empfindet, ist nicht nur beständig in der Wahrnehmung dieses Gegenübers. Die Faszination für das Gegenüber kann von Augenblick zu Augenblick die Intensität der Wahrnehmung steigern, ablenkende Gedanken abhalten und das Festhalten am eigenen Bild verringern. Das wird dazu führen, dass das Gegenüber die Empfindungen erwidert und dadurch die Liebe, und mit ihr der konzentrierte Fluss zwischen beiden, wächst, sodass ein gegenseitiger intensiver Austausch entsteht und besteht.

Das Gleiche gilt auch, wenn wir einem Redner oder einer Rednerin zuhören, dessen oder deren Thema wir lieben. Wenn wir hier für eine Weile meditativ konzentriert bleiben, kann eine Offenheit entstehen, bei der wir ohne Vorbehalte oder vorgefertigte Meinungen den Inhalten des Gegenübers lauschen und sie ungefärbt zur Kenntnis nehmen, sodass allmählich ein wirklicher Dialog, ein Fluss, entsteht.

DIE MEDITATIVE RESONANZ

Wenn uns auf diese Weise das Thema, worüber der Mensch spricht, deutlich und kristallklar wird, werden wir Empathie für das Gegenüber und ein wirkliches Verständnis für seine Worte bekommen. Erst dann kann eine Resonanz zwischen uns und dem Gegenüber entstehen. Diese meditative Resonanz ist die zweite Phase der Meditation, die *Dhyānam* genannt wird.

Deshalb lässt sich die starke Rolle des Klangs für unsere Psyche gut nachvollziehen. Jede Musikerin und jeder Musiker weiß, dass mit der Stimme zu singen oder mit den Händen zu spielen immer gleichzeitig bedeutet, mit den Ohren dabei zu sein. Sonst kann keine Musik entstehen. Erst wenn wir damit verbunden und im Fluss sind, was uns das Ohr – wenn wir möchten, das geistige Ohr – sagt, kann sich unsere Melodie entfalten. Die Aktivität unseres Geistes oder unserer Stimme muss sich in der Aussage der Ohren widerspiegeln. Gutes, klares Sprechen ist auch gleichzeitig offenes Hören.

Deshalb beschreibt das *Yogasūtra* 3.2 die zweite Phase der Meditation so:

तत्र प्रत्ययैकतानता ध्यानम्

tatra pratyayaikatānatā dhyānam

Ist die meditative Konzentration vorhanden, werden alle Eindrücke zielstrebig zum Motiv strömen und das stille Reflektieren beginnt.

Auch die Qualität des Gegenstands, mit dem wir uns beschäftigen, etwa ein bestimmtes Thema, wirkt auf uns, sodass wir in eine intensivere Konzentration kommen, welche nur dank des Gegenstands, der geistigen Ruhe, in der wir sind, und des Gegenübers möglich ist. Das Thema spricht uns an, und es ist nicht so, als ob wir für das Thema Worte finden, es beschreiben und festhalten müssen mit unseren Worten, Bildern und Gedanken. Das Thema selber übernimmt da quasi eine Rolle, mit der es uns fesselt. Die Meditation ist dann nicht mehr »Ich meditiere auf ein Objekt« oder »Ich konzentriere mich auf die Musik«, sondern die Musik selber spricht mit mir und hält mit mir einen Dialog. Das ist die zweite Phase der Meditation, bei der wir in einem ganz konkreten Verhältnis, einem Dialog, mit dem Thema sind.

Gehen wir zurück zum Bild des Kindes, das man zum Einschlafen bringen möchte. Da kann es oft passieren, dass die Mutter oder der Vater noch vor dem Kind einschläft und vom nächsten Schrei des Kleinen erschreckt aufwacht. Einfach nur ein »Werde ruhig, werde ruhig …« wird beim Gegenüber manchmal nicht ankommen. Aber bei einem selber wirkt es so, dass wir nicht aufmerksam oder achtsam beim Gegenüber und seiner Stimme sind. Erst wenn wir für die Bedürfnisse und Träume des Kindes offen werden, können wir das unruhige Kind wirklich in den Schlaf wiegen. Das ist ein Prozess und Dialog, der da stattfindet, sogar mit einem neugeborenen Wesen, das gar nicht sprechen kann. Wir tragen nicht nur das Kind, wir spüren es auch jederzeit. Wir halten es nicht nur fest wie zerbrechliches Porzellan, sondern in unseren Händen muss schon auch Gefühl sein, sodass wir spüren, was das Kind sagt oder will. Die Wahrnehmung muss über Körper, Sinne und Geist von unserer Mitte aus auf das Zentrum des Gegenübers zugehen, um die Kommunikation zu vollenden. Dann wird auch das Gegenüber die Kraft und den Anreiz haben, dass es aus solchem Halten und Tragen, aus diesem Konzentriert-Sein, ein Dialog von Zweien wird, die sich gegenseitig tragen.

Das ist ein Prozess, der auch in der Meditation passieren wird. Wir werden auch vom Gegenstand selber auf eine Art in die Meditation eingebunden.

WAS IST STILLE?

Die Stille ist kein Objekt. Sie ist kein Thema, das wir in uns als Meditationsthema tragen und in die wir hineingelangen können. Die Stille entsteht durch die Schwingung, durch die Resonanz, in der wir mit einem Gegenüber, sei es ein Objekt, ein Wort oder eine Idee, sind; oder es kann auch etwas Greifbares sein. Wenn wir einen Ton, eine Idee oder ein Objekt wie ein still schlafendes Kind in den Armen tragen können, trägt uns dieser Ton, die Idee oder das Objekt in die Stille.

PROBLEME, DIE MIT DER MEDITATION EINHERGEHEN

Die Grunderkenntnis des Yoga ist, dass wir nur dann wahrhaftig und realistisch wahrnehmen, wenn unsere geistigen Tätigkeiten einen ruhigen Fluss bilden, ansonsten ist die Wahrnehmung immer beeinflusst von unseren eigenen Projektionen.

Die *Yogasūtras* 1.2 und 1.4 machen es gleich zu Anfang des Werkes klar:

योगश्चित्तवृत्तिनिरोधः

yogaścittavṛttinirodhaḥ

Yoga ist der Zustand, in dem alle Bewegungen unseres Geistes zu einer Einheit finden.

वृत्तिसारूप्यमितरत्र

vṛtti sārūpyamitaratra

Besteht keine Einheit des Geistes, so wird die Wahrnehmung durch die Bewegungen des Geistes beeinflusst.

Der meditative Fluss, den wir spüren, kann immer auch Einbildung oder Selbsttäuschung sein. Bei vielen meditativ anmutenden Tätigkeiten ist man in der Konzentration dem Geschehen völlig ausgeliefert, und da fließt nichts in einem selbst. Da findet keine Zwiesprache statt, man ist ein freiwilliges oder unfreiwilliges Opfer des Gegenstands. Ist da zwischen mir und dem Objekt tatsächlich ein Austausch? Offenbart sich mir das Objekt wie durch ein Vergrößerungsglas? Gehen Einbildungen und Wunschdenken zurück? Ist mein Geist hinterher klarer für die Realität vor mir? Nur dann, wenn wir diese Fragen bejahend beantworten können, können wir rückblickend sagen, dass wir in einem meditativen Fluss waren.

Wenn man einen Film ansieht, weiß oder spürt man nicht, was mit einem passiert, man kann es nicht betrachten; dafür ist keine Zeit, da die Dinge zu schnell passieren. Als Betrachtende des spannenden Films sind wir dessen Geschehen ausgeliefert. Die Neutralität, mit welcher wir in einer Situation der Selbstständigkeit das empfangen, was auf uns zukommt, und das spüren, was es mit uns macht, ist hier nicht vorhanden. Sich völlig gehen zu lassen, die Kontrolle aufzugeben, kann in manchen Situationen förderlich, sogar erforderlich sein. Das kann uns manchmal aus der Trägheit in die Lebendigkeit verhelfen oder aus der Aufgeregtheit in die Bequemlichkeit, aber ein wacher Fluss des Geistes wird daraus kaum entstehen. Beides, sowohl die übereifrige Konzentration, die etwas erzwingen will, als auch das passive Sich-Hingeben, verhindern einen wirklichen Zustand der Meditation.

Ist die Tätigkeit, bei der ich bin, meditativ? Bin ich in der Meditation? Um diese Fragen zu klären, hilft es zu bedenken: Meditation bedeutet kein Aussetzen des Wahrnehmens von Bildern oder Worten, sondern ein Sich-Offenbaren von Bildern oder Worten. Dann ist man gleichzeitig aufmerksam im Schauen und im Lauschen, im Wahrnehmen und Empfangen. Beim Musizieren geht es definitiv nicht nur um den Klang, der aktiv produziert wird, sondern auch um das gleichzeitige Hören. Nur ein Musiker, der hört, kann ein guter Musiker sein. Jede Musikerin, jeder Dirigent muss hören, das ist Teil des Musizierens. Beides gehört zu einer qualitativ guten Musik, die zu einer Meditation werden kann. In der Regel ist dies bei suchtartigen Tätigkeiten, welche nur wie Konzentration aussehen, nicht der Fall. Wohlverstanden, hierbei geht es nicht um Verurteilung, Werten oder Konsens darüber, was richtig und was falsch ist. Man muss diesen Teil des Passivseins in sich wecken, wenn man sich auf etwas konzentriert, um in die Meditation zu kommen.

8. *Samādhi*

TUN ODER NICHT TUN?

Gibt es einen Unterschied zwischen Passivsein und Nichtstun? Und wenn ja, welchen?

Wie immer wir in der alltäglichen Sprache diese beiden Worte benutzen, ist es wichtig, hinter den Unterschied zwischen Passivsein und Nichtstun zu kommen. Da hilft eine bewährte Analogie aus der indischen Philosophie: der Unterschied, wie eine Katzen- und eine Affenmutter jeweils ihr Baby tragen. Das Kätzchen gibt sich dem Maul der Mutter hin und lässt sich vertrauensselig und fast ohne jegliches eigene Zutun von ihr tragen. Das Äffchen jedoch hält sich am Mutterleib fest, so viel, wie es notwendig ist, aber ohne jede überflüssige eigene Anstrengung, um von ihr getragen zu werden. Das Letztere ist zwar passiv, aber bringt doch einen wesentlichen Anteil zum Getragensein mit ein. Das Erstere nimmt sich völlig zurück, gibt sein Geschick an die Mutter ab und tut selbst nichts.

In der konkreten Meditationsübung sitzt man mit dem Rückgrat aufrecht, sodass der Körper nicht träge wird, hält sich unbekümmert von den Ablenkungen durch die Sinnesorgane und belässt den Atem in Ruhe. Da ist also sehr viel Aktivität. Man versucht ruhig sitzen zu bleiben, sich immer weniger mit den Gedanken zu beschäftigen und die feinmotorischen Regungen – etwa in den Händen oder Pupillen – zu ignorieren, sodass das Passive von Moment zu Moment gestärkt wird. Innerhalb der Aktivitäten nimmt man sich immer mehr zurück, als würde man gar nichts tun.

DIE GRENZE DES PASSIVSEINS

Laut Yoga ist die Grenze der meditativen Passivität erreicht, wenn die Anmut der Bewegung selbst spricht und nicht das, was sich bewegt, bzw. die Melodie und nicht das, was die Töne erzeugt, oder das Thema und nicht die Person, die es vorträgt. Der Höhepunkt in der Anmut, der Ästhetik oder der Versenkung ist dort, wo das Willensbetonte, das Selbstdarstellerische oder das Selbstbezogene zu schweigen beginnt.

Letztlich ist die Anmut von etwas das gelassene Federleichte an ihm. Was ein Akrobat oder eine Tänzerin anmutig wirken lässt, ist die anscheinende Mühelosigkeit hinter dem offensichtlich sehr Anspruchsvollen. Diese Qualität, etwas zu tun, als würde man gar nichts tun, dieses Passive so weit zu bringen, dass man den aktiven Teil darin gar nicht mehr erkennt, ist in allen Tätigkeiten die Vollendung der Kunst oder der Fertigkeit. Das kann in keiner Schule gelernt werden. Das kann uns kein Meister und keine Meisterin schenken. Wir können aber Inspiration dafür finden und von ihr geführt werden. Diese Inspiration kann und wird uns allein das Thema geben, mit dem wir uns verbunden haben. Dazu müssen wir uns ihm natürlich hingeben. Es geht bei dieser feinen Übung nicht darum, aus dem Eigenwillen etwas zu stemmen. Es geht auch nicht darum, im eigenen Geist einen Ausgangspunkt für diese Qualität zu finden. Im Gegenteil, sie wird erst erscheinen, wenn wir in die Selbstvergessenheit hineinkommen und in Gewissheit weilend uns vom Thema forttragen lassen.

WAS IST SAMĀDHI?

Wenn ein körperlich tätiger Mensch dem geübten Körper und dessen Fähigkeiten völlig vertrauend in eine intensive Bewegung hineinkommt und dabei sich selbst so weit zurückzieht, dass er beinahe der stille Betrachter des eigenen agierenden Körpers wird, ist dies der Moment, in dem die *Samādhi*-Qualität kommt.

Ein gängiges Bild in der indischen Philosophie ist das einer Tänzerin und ihres Betrachters als zwei Facetten ein und derselben Person. Es ist das Abbild einer Tänzerin, die in der Gewissheit, dass sie ihre Rolle erfüllen wird, sich gelassen ihrem Tanz widmet, während der Betrachter in sich als Betrachtender ruht und dem Tanz beseelt und passiv beiwohnt. Das ist der höchste Zustand des Seins, in welchem der wirkende und der betrachtende Teil unserer Seele in eine erfüllende Einheit kommen. Hier herrscht Klarheit darüber, dass man nicht nur der Handelnde ist, sondern immer auch der Betrachter des Handelns, nicht nur der Genießende oder der Leidende, sondern auch immer der Betrachter des Genusses oder des Leidens. Wird eine solche Unterscheidung in uns zwischen Betrachtendem und Betrachtetem deutlich, so wird auch der Raum für jede Projektion und jede Verwechslung geringer. Ein solcher Zustand geht deshalb immer mit mehr Klarheit und weniger Einbildung einher. Da ist dann auf einmal irrelevant, auf was wir schauen oder mit was wir uns beschäftigen. Denn dann, wenn solch ungetrübtes Sehen beginnt, kann eine solch tiefe und umfassende Erkenntnis entstehen, dass wir als individuelle Person gar nicht mehr wichtig sind und als Teil des Ganzen in der Erkenntnis mit verschwinden.

Wenn wir mit der gleichen Liebe, Sorgfalt und Achtsamkeit, wie wir ein Baby tragen, auch das Thema tragen, ist uns sicher, dass wir allmählich in die meditative Konzentration kommen. Wenn wir aber dank der Übung und der Verbundenheit mit dem Thema allmählich die Beherrschung über das Thema aufgeben, das eigene Tun und damit das »Ich« weit in den Hintergrund verschwinden lassen können, kann das Thema auf andere intensive Weise hervorscheinen.

In der Zusammensetzung des *Aṣṭāṅgayoga* ist *Samādhi* das letzte der acht Glieder der Übungen des Yoga. Patañjali beschreib *Samādhi* im *Yogasūtra* 3.3 so:

तदेवार्थमात्रनिर्भासं स्वरूपशून्यमिव समाधिः

tadevārthamātranirbhāsaṃ svarūpaśūnyamiva samādhiḥ

Genau dann, wenn nur noch das Motiv leuchtet und die geistigen Tätigkeiten verschwunden zu sein scheinen, ist Samādhi, die vollkommene Erkenntnis, eingetreten.

WAS BEWIRKT SAMĀDHI?

Zwei wesentliche Dinge erfolgen aus solchen Momenten der Innigkeit. Zum einen lernen wir die gewöhnliche Überschätzung des eigenen »Ich« zu durchschauen. Zum anderen haben wir eine Erkenntnis, die nicht durch vereinzeltes Wissen glänzt, sondern dadurch, dass sich alle Einzelheiten zu einem Ganzen fügen, dass alle Fäden zusammenkommen. Das ist Wissen als das Sein. Das ist der Moment, in dem in jedem Geräusch einer Kakophonie der sinnvolle Klang einer Symphonie wiedergefunden werden kann oder jeder Flügelschlag eines Schmetterlings im Blinzeln eines Sterns wiedergegeben wird. Es ist eine Klarheit, in der nicht die Schärfe des differenzierten Sehens herrscht, sondern das Rund der Einheit hinter allem Gesehenen. Sie kann mitten in jeder intensiv meditativen Tätigkeit ausgelöst werden: im Betrachten der Abendsonne, einer weißen Leinwand, im Fühlen einer tiefen Empfindung oder im Hören eines reinen Tons.

Schlusswort

> *»Wenn ihr Religion wollt, dann macht die Erde wieder zu eurem Gott und vergesst den Himmel. Der Himmel ist weit, unberührbar und nicht zu ermessen. Er ist unser Traum, beflügelt unsere Phantasie, aber die Erde ist unsere Realität. Sie ist das Begreifbare und kann ergreifen.«*
>
> Anjali Sriram (aus *»Als wir die Welt retteten«*, Draupadi Verlag 2020, Seite 331)

Mit der in diesem Zitat ausgedrückten Haltung versuche ich, Yoga mit all seinen Facetten zu üben und zu vermitteln. Wir sind alle Gäste auf dieser Erde, nichts gehört uns mehr, wenn wir bei unserem letzten Atemzug angekommen sind. Aber wenn wir uns zuvor die Frage, wozu wir hier gewesen sind, eindringlich gestellt haben, mag es möglich sein, dass wir in Ruhe loslassen können, auch wenn wir uns diese Frage im eigenen Betrachten vielleicht nicht ganz zufriedenstellend beantwortet haben. Im Yoga geht es um nichts weniger als das: um das Erkennen dessen, was wesentlich ist. Verbringen wir also unsere Zeit nicht nur auf der Yogamatte, in der Sporthalle, im Retreat, im Urlaub, im Tempel oder im Spa, um uns gut zu fühlen! Die Zeit, um seinen Interessen zu frönen, ist getaktet und recht begrenzt. Und für uns als Individuen, als Gesellschaft und als ganzes Menschengeschlecht gibt es Nachhaltigkeit oder die Ideen und Impulse für Nachhaltigkeit nur aus der tiefen Reflexion heraus. *Aṣṭāṅgayoga* als Yoga in seiner Gesamtheit ist hierbei ein Ansatz mit Hand und Fuß und lädt dazu ein, uns in diesen Prozess ganz einzubringen.

Glossar

A

ā	endlos (2.28)
abhāva	Verschwinden (2.29)
abhighāta	völlig geschlagen sein (2.48)
-ābhyām	aus den zweien (2.47)
ābhyantara-viṣaya	inneres/subtiles Thema (2.51)
ābhyantaravṛtti	innere Tätigkeit/Einatmung (2.50)
adhimātrā	intensiv (2.34)
ahiṃsā	nicht verletzen (2.30), Gewaltlosigkeit (2.35)
ajñāna	Unwissenheit/Unklarheit (2.34)
ākṣepī	hinausgeworfen/ausgeklammert (2.51)
anāgata	noch nicht Aufgetretenes (2.16)
ananta	endlos (2.34), grenzenlos (2.47)
anavacchinna	nicht unterbrochen (2.31)
aṅga	Glied (2.29)
anukāra	die Form annehmen/übernehmen (2.54)
anumoditā	Befürworter der Tat (2.34)
anuṣṭhāna	Übung/Umsetzung/Praxis (2.28)
anuttama	unvergleichbar (2.42)
aparigraha	Nicht-Nehmen/Nicht-Horten/Anspruchslosigkeit (2.30, 2.39)
artha	Ergebnis/Ziel (2.2)
arthamātra	Objekt/Thema allein (3.3)
asaṃprayoge	nicht zusammenkommen (2.54)
asaṃsarga	Kontaktlosigkeit/Unberührtheit/Unbeeinflusstheit (2.40)
āsanam	Körperhaltung (2.29, 2.46)
asteya	Nicht-Stehlen (2.30, 2.37)
āśraya	Heimat/Stütze (2.36)
aṣṭa	acht (2.29)
aśuddhi	Unreinheit (2.28)/Trübnis (2.43)
ātma	das innere Selbst/das sehende Selbst (2.41)
ātmadarśana	Sehen/Wahrnehmen des Inneren (2.41)
āvarañā	Hülle/Vorhang (2.52)
a-viplavā	nicht richtungslos (2.26)
āyāma	dehnen (2.49)

B

bādhana	Betroffenheit (2.33)
bāhya-viṣaya	äußeres Thema (2.51)
bāhyāvṛtti	äußere Tätigkeit/Ausatmung (2.50)
bandha	Bindung (3.1)
bhaumāḥ	Ebenen (2.31)
bhāvana	geistige Verschmelzung mit einer Einstellung/intensive Einstellung (2.33, 2.34)
brahma	das kosmisch Unendliche, Nichtendende/die Allseele (2.38)
brahmacarya	im Bewusstsein der Allseele handeln (2.30)
	sich in *Brahma* Bewegender (2.38)

C

ca	und (2.2, 2.41, 2.53)
cakra	Rad (3.29)
caturtha	das Vierte (2.51)
citta	das meinende Selbst (3.34)
cittasya	des *Citta* (3.1)
	von *Citta* (2.54)
cittavṛtti	die Tätigkeiten, durch die das meinende Selbst sich ausdrückt und die seine Aufgabe bilden (1.2)

D

deśa	Ort (2.31)
	Ort/Technik (des Atems)/Thema (der Konzentration) (2.50)
	Ort/Thema/Object (3.1)
devatā	Gottheit/Symbol, das uns auf spirituelle Gedanken bringt (2.44)
dhāraṇā	die anhaltende Ausrichtung/Konzentration (2.29)
	anhaltende Ausrichtung (3.1)
dhāraṇāsu	in anhaltender Ausrichtung (2.53)
dhyānam	das stille Reflektieren (2.29, 3.2)
dīpti	leuchten (2.28)
dīrgha	lang (2.50)
draṣṭṛ	das sehende Selbst (2.17)
dṛśeḥ	des *Draṣṭa* [des sehenden Selbst] (2.25)
dṛśya	Objekt/das Gesehene (2.17)
duḥkha	Unglück/Leid/Schmerz (2.16, 2.34)

dvandva	zwei zusammengehörige, aber gegensätzliche Prinzipien (wie Schmerz und Glück) (2.48)

E

ekāgrya	Ausgerichtetheit (2.41)
ekatānatā	sehr gezielt/in stabilem Fluss (3.2)
eva	eben (2.15)

G

gati	Bewegung (2.49)
guṅavṛtti	Aktivität der *Guṇa* [Grundeigenschaften]: *Rajas* [Bewegung], *Tamas* [Ruhe], *Sattva* [Licht]

H

hāna	sich trennen/befreien/das Ziel (2.25)
hānopāya	Mittel zum Ziel (2.26)
hetu	Ursache (2.17)
heya	das Vermeidenswerte (2.16)
heyahetu	Ursache des *Heyams* [des Vermeidenswerten] (2.17)
hiṃsādayaḥ	verletzen (2.34)
hṛdaya	Herz (3.34)

I

indriya	Wahrnehmungsorgane, Sinne (2.43)
indriyāṇāṃ	von *Indriyas* [Wahrnehmungsorganen] (2.54, 2.55)
iṣṭa	ersehnte (2.44)
īśvarapraṇidhāna	hingebungsvolles Handeln/ohne die Ergebnisse in den Vordergrund zu stellen/Hingabe an *Īśvara* (2.1)
	Bhakti/Gotteshingabe (2.45)
itaratra	in anderen Situationen (1.4)
iti	so (2.34)
iva	als ob (2.54, 3.3)

J

janma	Geburt/Persönlichkeit/Wesen (2.39)
jāti	Herkunft (2.31)
jaya	Beherrschung (2.41)
jñāna	Weisheit (2.28)
	Kenntnis/Wissen (3.29)
jugupsā	Abwendung/Abstand (2.40)

K

kaivalya	Freiheit (2.25)
kāla	Zeit (2.31)
	Länge von Ausatmung, Einatmung und Anhalten (2.50)
karaṇa	zum Geschehen bringen (2.2)
kāritā	Veranlasser der Tat (2.34)
kathaṃ	woher/wie (2.39)
kāya	Körper (2.43, 3.29)
khyāti	Erkenntnis (2.26)
kleśa	das, was einen beschwert/belästigt/belastet/die störenden Kräfte (2.2)
kriyā	rituelle/reinigende Handlung (2.1)
	Handlung (Aussage) (2.36)
krodha	Wut (2.34)
kṛta	Täter (2.34)
kṣaya	reduzieren (2.28, 2.43)
kṣīyate	reduziert sich/baut ab (2.52)

L

lābha	Gewinn (2.38, 2.43)
lobha	Gier (2.34)

M

madhya	mäßig (2.34)
mahā	große (2.31)
manas	der Geist
manasaḥ	von *Manas*/des Geistes (2.53)
moha	Verblendung (2.34)
mṛdu	sanft (2.34)

N

nābhi	Nabel (3.29)
nirbhāsa	leuchtet (3.3)
nirodha	kontrolliert/gehalten (1.2)
niyama	die Regeln des Alltagsverhaltens (2.29)

P

pakṣa	Flügel (2.33)
paraiḥ	von anderen/von außen/von äußerlichen (Wesen) (2.40)
paramā	größte (2.55)

paridṛṣṭa	genau geprüft (2.50)
pariṇāmaduḥkha	Leid, ausgelöst durch Vergänglichkeit (2.15)
phala	Ergebnis/Früchte (2.36)
prakāśa	Licht (2.52)
prāṇa	das Atemprinzip/die Lebenskraft hinter der Atmung (2.49)
prāṇāyāma	Regulieren des Atems/des *Prāṇa* (2.29)
	die Atemtechnik des Yoga (2.49)
pratipakṣa	der andere Flügel/die Gegenposition (2.33, 2.34)
pratiṣṭhā	steht stabil (2.35, 2.36)
	steht stabil/verwurzelt (2.37, 2.38)
pratyāhāra	Sinnesanbindung ans Innere/Zurückziehung der Sinne (2.29, 2.54)
pratyaya	tiefe, ungefärbte Eindrücke/geistige Tätigkeiten, die ungefärbt sind (3.2)
prayatna	intensive Mühe (2.47)
pūrvaka	zugrunde liegend (2.34)

R

ratna	Juwel (2.37)

S

samādhi	vollkommene Erkenntnis (2.29, 2.45, 3.3)
samādhibhāvana	intensive Ahnung dessen, was vollkommene Erkenntnis ist (2.2)
samāpatti	tiefes Zusammenkommen/intensive Begegnung (2.47)
samaya	Situation (2.31)
saṃbodha	klares Wissen (2.39)
saṃprayoga	Verbindung (2.44)
	Zusammenkunft (2.54)
saṃskāraduḥkha	Leid, ausgelöst durch Abhängigkeiten (2.15)
saṃvit	genaues Wissen (3.34)
saṃyoga	Verbindung/feste Anbindung (2.17)
saṃyoga abhāva	Verschwinden von Anbindung (2.25)
sannidhi	*Nähe (2.35)*
santoṣa	Zufriedenheit/Dankbarkeit/Fröhlichkeit (2.42)
sārūpya	ähnliche Form (1.4)
sarva	zu allen Zeiten (2.15), alle (2.37)
sārva	in allen (2.31)

sattva	*Citta* [das meinende Selbst] (2.41)
satya	die Wahrheit sagen (2.30, 2.36)
saumanas	positives Denken/Optimismus (2.41)
sthairya	Stabilität (2.39)
sthambhavṛtti	starre Tätigkeit/das Anhalten (2.50)
sthāna	Platz (2.37)
sthira	stabil (2.46)
sukha	Befriedigung/Glück (2.7)
	angenehm/leicht/das Wohlgefühl fördernd (2.46)
sūkśma	subtil/sanft/frei von Verspannung (2.50)
sūrya	die Sonne
sva	eigene (2.54)
sva-aṅga	eigene Glieder (2.40)
svādhyāya	Selbststudium/sich selbst nähren (2.1)
svarūpa	eigene Form (2.54)
	eigene Form *(Cittas)* (3.3)
svaviṣaya	eigene/übliche Objekte (2.54)

Ś

śaithilya	locker/entspannt/gelöst (2.47)
śauca	Reinigung/Beseitigung von Schlacke (2.40)
śuddhi	Reinigung/Klärung (2.41)
śūnya	erloschen (3.3)
śvāsapraśvāsa	die (übliche) Atmung (2.49)

T

tadeva	genau dort (3.3)
tanū	entschlackt/dünn (2.2)
tāpaduḥkha	Leid, ausgelöst durch Sehnsucht (2.15)
tapas	Disziplin
tapasaḥ	durch Disziplin (2.43)
tasmin sati	unter dieser Voraussetzung (2.49)
tat	dessen (2.25, 2.35)
tataḥ	danach/daraus (2.48)
	deshalb/daraus (2.52)
tatra	dort/im Zustand des *Dhāraṭā* [der anhaltenden Ausrichtung] (3.2.)
tyāga	aufgeben/lassen (2.35)

U

upa	nahe (2.37)

V

vaira	Feindseligkeit (2.35)
vaśyatā	Bann/Kontrolle (2.55)
viccheda	brechen/teilen/besondere Unterbrechung, die »Ausdehnung« meint (2.49)
virodha	Konflikt (2.15)
virya	Energie/Ausgerichtetheit (2.38)
vitarkā	Zweifel/Fragen (2.33, 2.34)
viveka	Differenzierung (2.26)
vivekakhyāti	differenzierendes Wahrnehmen (2.28)
vivekin	der Unterscheidungsfähige (2.15)
vrata	Tugend/Ritual (2.31)
vṛtti	Tätigkeit/Bewegung (1.4)
vyūha	Konstellation (3.29)

Y

yama	die Beherrschungen/die Disziplinen im zwischenmenschlichen Verhalten (2.29, 2.30)
yogāṅga	die Glieder des Yoga (2.28)
yogyatā	Fähigkeit/Kompetenz (2.53)
yogyatva	Fähigkeit (2.41)

ÜBER DEN AUTOR

R. Sriram, Jahrgang 1954, aus Chennai, war Schüler von T. K. V. Desikachar und lebt seit 1987 in Deutschland. Er ist ein viel geachteter Lehrer des Yoga und Vermittler dessen philosophischen Quelltexte. Er leitet seit vielen Jahren Aus- und Weiterbildungen für Yogalehrende und hat mehrere erfolgreiche Yogabücher veröffentlicht. Zusammen mit seiner Frau leitet er das Zentrum BASE Art Nature Yoga im Urwaldgebiet in Südindien (www.basekodai.org).

www.yogaweg.de

WICHTIGSTER GRUNDLAGENTEXT DES YOGA

»Das Yogasutra ist kein Buch voller Sprüche; es will niemanden überzeugen; es holt nie weit aus. Es ist wie ein Reisebericht über den Weg eines Menschen in Richtung essenzieller Freiheit.«

R. Sriram

Patañjali

Das Yogasutra
Von der Erkenntnis zur Befreiung

Einführung, Übersetzung und Erläuterungen von R. Sriram

Hardcover
288 Seiten
ISBN 978-3-89901-241-5

Kamphausen Media